JN325174

人間存在の探究

福祉の理論のために

下村英視

まえがき

福祉とはその人にとっての「よさ」の実現であり、その方向へ歩み続ける社会（国家）をつくってゆくのが、私たちの務めです。それは、人間存在の全面的な肯定であり、そのための思索の鍛錬をしなくてはなりません。しかし、歴史的に見れば、福祉の名の下に抑圧と差別がなされてきた事実があります。劣った人間だから情けをかけてやろう、気の毒な人たちを増やさないために生殖を禁じよう。そのような判断がなされ、これらが国家の意思となる場合もありました。

明らかな悪であれば、人はそれを行いません。しかし、そこに何かよいと思われることがあるならば、人はその理由を捜し、それを行います。病気の人を隔離したことにも、その人たちが子孫を残すこと（生殖）を禁じるために彼らの身体に手を加えたことにも、理由がありました。健康者への感染を防がなければならない、不幸な子どもを産むことは残酷だ、等。そして、これらの理由からそのような態度をとることを正しいとしました。たとえ、それが、対象となった人々の人生を踏み躙るものであったとしても、やむを得ないこととしてなされました。健康者の社会を守ることは、よいことだ。不幸な人をつくらないことは、よいことだ。そこには、確かに「よさ」が捉えられていたのです。その人たちには気の毒だ、しかし、それはなされなければならない。人々は、一種の使命感のようなものに促されて、そのようにしました。

思えば、人類は、言葉の力（理性の力）によって、偉大な文明を築いてきました。世界の仕組みを理解し、それらを法則性のもとに置きなおし、そのうえでそこに手を差し入れ、望みのものをつくりだす、物質文明、あるいは産業文明と称されてもよい社会の出現です。この社会が豊かさを実現するようになって、久しく時が過ぎました。豊かさを享受することに慣れきった私たちの生活は、さらに際限のない豊かさを求め続けているようです。しかし、その一方で、世界は、おびただしい悲惨（戦争、環境汚染、差別）を経験してきましたし、今もそれらはなくなっていません。

産業文明の深まりは、一方では、人間と人間との関係性を損なったり、人間と自然との間に鋭い対峙をもち込んだりしています。自然に深く切り込み、その豊かさを手に入れようとする科学主義の態度の根底には、人間理性に対する厚い信頼があります。これを、合理主義の精神と特徴づけ、高く評価することができるでしょう。しかし、その理性的な活動の結果が悲惨を招いたのであれば、その理性の力を根本的に反省してみなくてはなりません。理性の偉大が悲惨を生む構造を明らかにしつつ、たとえそうであっても、理性に頼って生きていくほかはない人間が、少しでも望ましい生き方を実現することができるようにするための思索の場が求められることになります。

この観点から、福祉について皆さんと一緒に考えようとすることが、本書のねらいです。誰ひとりとして福祉社会の実現を拒もうとする者はいません。しかし、その実現が本当に大切なのは、どのような意味においてなのか、そこのところの思索が曖昧なままになっているのではないでしょうか。人間にとってのよさとは、幸せとは、そもそもどのように理解されるべきなのでしょうか。ここでは、人間存在についての深い理解が求められます。あまりに当然となっている福祉社会の実現の意味を、人間存在の根底に立ち戻って問いなおすこと、このことは、それへと向かって生きてゆく勇気を握りなおすための思索を皆さんと共にすることに他なりません。

人間存在の探究　福祉の理論のために　目次

第一章　科学技術は福祉を支えるか

第一節　クローン技術と再生医療

(一) 生命に手を差し入れる人間

難病や重い障がいを伴って生きる人たち、あるいは年老いて身体諸器官の機能の低下から不自由な生活を余儀なくされている人たちに対して、生命科学に支えられた最先端の医療が提供されようとしている今日、これらにはますます期待が寄せられているように見える。困難や不可能の克服は科学技術の本分であり、そのことによって救われる人たちがいるのであれば、確かにそれは、歓迎されるべきことであろう。しかし、その技術をどのように評価すべきかについて、あるいは、それとどのように関わって生きてゆこうとするのかについて考えずに済ますことは、技術が提供するサービスに寄りかかりながら、この分野の進歩に漠然とした期待を寄せ続けることによって、実は、大切な問題に対して誠実に考えることを放棄して過ごすことに他ならないのではないか。

世界にはたらきかけて、世界をつくりかえる能力をもっている人類は、いよいよ生命の改変にまでその力を及ぼすことができる所に至った。無限の可能性を追求する人間は、新たな生命をつくり出すかもしれない。そのときに予測される困難や混乱を考えて、私たちは道を選ばなければならない。たとえその生命がどのような生命であれ、いったん誕生したからには、共に生きるしか他に道がないからである。未来に生きる人々に対して責任ある態度を取るためには、この問題について考えることが、今の私たちにとって避けて通れないのである。

この問題についてこれから手順を踏んで考えてゆくが、これについては、各種の報道機関で定期的に取り上げられている多能性細胞（いったん分化し終えた体細胞に手を加えて、再び分化能力をもたせることにより、どのような組織にでもなる細胞。例えば、iPS 細胞 induced pluripotent stem cell）にかかわる技術が、まず思い起こされるだろう。この技術は、最終的には、難病に苦しむ人たちに対して、移植用の組織や臓器を作製しようというものであり、この技術が完成した場合には、多くの人たちにとって福音となると考えられている。詳しくは次節「(二) 新たな技術」に譲ることにして、移植医療用の組織や臓器の作製という観点からこの技術に先立って研究されてきた、クローン技術について理解することから始めたい。多能性細胞にかかわる技術も同じ方向性のもとに考案されたものだからである。

ヒトクローニング（生物としての人間を指す場合、「ヒト」と表記されることから、クローン技術が人間に適応される場合、「ヒトクローニング」と呼ばれる）には、クローン人間誕生を目的とするもの（生殖クローン）と臓器移植などを目的とした医療、治療研究のためにヒトクローン胚[*1]をつくるもの

（医療目的クローン）とがある。前者は、技術の悪用だから認められないが、後者は善用であるから推し進められるべき、というのが、クローン羊ドリーを誕生させたイギリス、ロスリン研究所のイアン・ウィルマット氏の見解であり、この点においては、イギリス政府や医学界及びクローン研究関係者の意見もほぼ一致しているといわれている。[*2] 日本をはじめ国際社会においても、生殖クローンについては、各国間での意見の一致を見ていないし、[*3] 日本においても、生殖クローンは明確に禁止された法をもつが、医療目的クローン技術については、その研究を容認するという仕方で一応の結論を、内閣府総合科学技術会議生命倫理調査会は出したものの、審議のプロセスおよび内容についてはすっきりしないものがある。[*4]

それぞれの民族が営み築いてきた文化が異なっている以上、生命観、倫理観についてもその独自性は当然尊重されるべきであり、したがって、ヒトクローン胚にかかわる研究や技術もその適用について直ちに一致した見解を導くことが困難であることは、無理のないことかもしれない。しかし、一方で、人類は、類としての普遍性を持ち、他の生物と異なって、単一の類としては唯一の例外としてこの地球上の至る所に生息し、君臨するとまで言ってよい程の様相を呈している。その人類が、自分たちの意図的な操作で新たな遺伝子を自分たちの遺伝子プールに組み込もうとしている。人為的操作によって新たな生物が誕生する可能性もあるのだ。そのことが、生物的な危害（個体の病気や奇形、他生物を抹殺する細菌から哺乳類に至るまでの新生物の誕生）を生むかもしれないし、そういったことがないにしても、人類同士の中に新たな差別や対立を生むことになるかもしれない。

難しい問題ではある。しかし、その問題を避けて通ることができないところに、私たちはもう立っている。科学技術が成果として提供しているクローン技術に、私たちの社会はどのような態度をとるべきか。このことは私たちひとりひとりが責任をもって答えを出すべきことである。この答え方に、私たちの子孫の未来がかかっているからだ。

本節では、生殖クローンの問題、医療目的クローンの問題に分けて論を進めたい。生殖クローンについては、反対ということで世界的な合意を得ているように思われるものの、この技術もまた推し進められてよいとの見解も少数とはいえある以上、なぜそれが斥《しりぞ》けられねばならないのか、議論しておかなければならない。また、医療目的クローンについても、やはりその技術はどのように受け入れられるべきかについて、検討してゆきたいと思う。さらに、これらの考察を通して、最後に、科学技術の専門研究者に対する専門研究のあり方について問題を提起してみたい。そして、最後に、これらの科学技術と私たちひとりひとりの人間がどのように関わっていくことが望ましいのか、未来を見据えながら、考えてみたいと思う。

(二) 生殖クローンの問題

二〇〇二年暮れから二〇〇三年の年明けにかけて、ヒトのクローンベビー誕生に関わる報道が世間をにぎわせた。これをきっかけにクローン人間についての議論が目につくようになった。当の報道内容の信憑性については、発表した企業(ラエリアン・ムーブメントという新興宗教団体傘下のクローン・エイド社)がＤＮＡ[*5]の鑑定などの証拠を見せないいため、疑念を持たれている。そのためであろうか、報道機関による扱いも小さくなり、大風が一瞬吹いたが、直ちに過ぎ去り、その後には何も変化がなかった、つまり、そのような事実はなかったというように受け取られているのが、今日の状況だというところだろう。

しかし、問題がなくなったわけではない。クローン・エイド社の発表の真偽はどうであれ、人類はクローン技術によって生命を誕生させることが可能な時点にいるということに変わりはない。このことについて私たちはどのような態度を取るべきか、考えなければならないのである。事柄は、ＳＦではなく現実なのである。

この問題について、私なりの考えをまとめようとしていた時に、クローン人間の産出あるいは誕生に賛成するきわめて明快な意見に出遭った。生物学を専門とする研究者池田清彦は、クローン技術の安全性が確立されることを条件として、不妊治療の選択肢のひとつとしてクローン技術は受け入れられるべきであるし、これに反対する論理的な理由も倫理的な理由もないとする。[*6]もちろん、池田は、歯切れのよい口調でクローン賛成を表明する一方で、研究者らしく、この技術がまだまだ未完成であること、それゆえ、今のところ人に応用するのは危険すぎる技術であることをしっかりと指摘している。しかし、科学技術の進歩によって、現時点での難点はいずれ克服されるはずであろうし、そうなった時にはクローン人間に反対する根拠はないというのである。

クローン人間に賛成する人々の基本的な論拠を理解するためにも、ここでしばらく、池田の主張を確認しておきたい。例えば、どうしても子が欲しいのだが、夫が無精子症であるために子ができない夫婦がいるとする。その場合、夫婦には、他者の精子の提供を受けて子をもうけるか、クローンをつくるかの選択肢が考えられる。その時に、技術的な安全性が確保されているのなら、クローンを選ぶということがあってもよいのではないか、そうすることがその夫婦の幸福につながるのであれば、第三者は反対などできないのではないか、というのである。なるほど、そのような夫婦の幸福を奪う権利など誰にもないはずである。「論理的に」反対できないというのは技術的安全性が確保されていればということであり、「倫理的に」反対できないというのは、他人の幸福を奪う権利など誰ももたないということである。

また、クローン人間に人々が反対するのは、誤解があるからであって、その誤解を解けば、問題は何もないとする。その誤解とは、クローン人間はコピー人間だから、個人の唯一性に反するというものである。しかし、これは間違いなのである。クローンに反対する多くの人々は、遺伝子が個人のすべてを決定しているという誤った前提をもっている。生物の形質は遺伝子と発生環境の相互作用によって決定されるのであって、遺伝子のみによって決定されるわけではない。生物に何ができるかを決定するのが遺伝子だとしても、何をどのように発現してゆくかを条件付けるのは環境だというわけだ。したがって、遺伝情報が同一だからといって、個体としての人間がコピーということはあり得ない。

この問題を論じる際によく引き合いに出されるのが一卵性双生児である。一卵性双生児は自然に生じたクローンであり、遺伝情報を同じくする。しかし、体形や容貌など似てはいるが、成長の過程でそれぞれ独自の経験をつみ、思想、信条、嗜好などを異にする独立した個人としてのアイデンティティを備える。そこから、「クローン人間の発生環境は、クローンの元になる体細胞の提供者とは異なるから、クローン人間と元になる人間は一卵性双生児ほどにも似ていないと考えられる」というのも当然だということになる（註6と同書、二一七頁）。いかにしても、コピー元の人間のアイデンティティが侵されるということはあり得ないというわけだ。このようにして、クローン人間を否定する論拠というのは斥けられることになる。

(三) 生殖クローン技術に対する疑問

ここから反論に入ろう。

まず、技術の安全性の問題については議論の余地はない。安全性が確保されない限り、人への適用は避けられるべきであるということは、すべての人にとって同意されることであろう。そうであれば、安全性が確保されても、なおかつクローン人間が否定される理由は何かといえば、個人の唯一性を侵すという点である。実は、この点に、やはりもうひとつの誤解がある。

多くの識者が個人の唯一性をクローンが侵すという時、そこで侵されるのはクローンの元となる人間の唯一性である。そして、実は、すでに見られたように、この唯一性は決して侵されることはないから反対の論拠はないというのが、クローン人間に賛成するおおかたの識者の主張である。確かに、このことはそうだ。見られたように、遺伝情報を同じくするからといって、クローンの元となる人間の唯一性は決して侵されることはない。ところが、問題はそうではないのであって、その人格の独自性が侵されるのは、実は、クローン技術によって作成される人間の方なのである。

クローン技術によって誕生する個人については、二通りぐらい考えられるであろう。ひとつは、前述のように、どうしても夫婦どちらかの遺伝情報を受け継いだ子が欲しいという夫婦の願いをかなえるという仕方で誕生する場合。もう一つは、幼くして子が死亡した場合に、その子の体細胞を用いてクローンベビーをもちたいという願いをかなえる仕方で誕生する場合。恐らくは、自分の遺伝情報を受け継いだ子をもちたいと思う者、失った子と同じ遺伝情報をもつ子を得たいと思う者にとっては、夢のような技術であり、このことによって手に入る幸せを邪魔されるとすれば、なんとも納得のいかないことかもしれない。[*7]

しかし、クローン人間の側に立ってみてみよう。いかなる生命も、それが誕生するにあたってどのようなきっかけ（原因や理由）によって誕生したにしても、そのことには一切責任はない。責任とは、自覚している主体が自らの主体的な判断で何かを決定し、そのように生きるところに生じる。しかし、私たちの中で誰ひとりとして、自分の意志や判断でこの世界に誕生した者はいない。ある時気がつくと、今ここに存在していることが認識される。私の意志とは無関係に一方的に生み出され、しかも、時がたてば意に反しても死ななければならない。ここにあるのは、生命の一方的な授与である。そのようにして、私は、生命を貸し与えられて、生きている。ところが、生命を与えられている間は、私は、自由な意志の統御の下に生きることができる。善悪美醜を判断し、世界の意味や価値を人生の中でとらえてゆくことができる。

当初、何者でもないものとして誕生した一個人は、そこから、何者かとして自分の本質を形づくってゆく。それが人間であり、ここに人間の尊厳がある。そして、この時の大前提としてあるのは、何者でもないものとして私たちひとりひとりは誕生してくるということだ。特定の意味や価値や目的をもって生み出されるのではなく、ただ無条件に誕生するということ、それが人間なのである。そしてその後の人生において、自分の人生に責任をもつ自由な主体として生きてゆく。[*8]

そうすると、クローン人間は、この点において問題を抱えることになる。それがひとりの人格である以上、クローン人間には、自分がクローンだと知る権利がある。その個人が、父または母のどんなに深い愛情によって誕生させられたとしても、そしてそのことに感謝するとしても、自分がクローン元の人間の遺伝情報を残すという目的のために誕生させられたということを意識せざるをえない。特定の目的のために誕生させられたという認識は、その個人の成長にどのように作用するであろうか。コンプレックスという概念を、自分の何かを理解しようとするとき、他の誰かや何かを常に意識して考えねばならないという意味にとらえるならば、その個人はクローン元の人格を常にコンプレックスとして持たねばならない。*9

もちろん、このことは、夫婦双方の遺伝情報を自然生殖によって受け継いだ子についても言えることではある。高名な芸術家やスポーツ選手の子が、その種の芸能やスポーツで優れた役割を演じることを期待されるように。しかし、自然生殖においては、夫婦の遺伝情報の組み合わせは無限ともいわれてよいほどであり、その組み合わせの偶然性に人為的、意図的に必然性を介入させることはできない。だからこそ、人々は「授かりもの」として、自分たちを超えたところ（天とか神）から与えられたものとして、子を受け入れる。こうして、自分たちの子は、確かに自分たちの子であるのだけれども、自分たちだけの子ではないこと、何万年、何百万年という人類の歴史の流れの中に位置し、すべての人類とつながりあう一個の生命であることが、親にも認識される。たまたま自分たちのところに無条件に生まれてきた個人として、独立した人格をもつ者であることが理解される。その限り、子は自由なものとして生きてゆけることが、基本的に保証されているのである。

ところがクローンの場合、そのように言えるだろうか。特定の人の遺伝情報をそっくり受け継いで誕生をしなければならなかったという条件づけは、その個人の存在を本質的に規定する。その個人が自由な主体であることを、根本のところで阻害することになるのではないか。それが最大の問題なのである。ましていわんや、事故や病気で夭逝した子のクローンとなると、その個人は自分の誕生にかかわる条件を一生涯意識せざるを得ない。特定の意味や価値をあらかじめ与えられた存在として自分を捉えるとき、すべての人格に保証されていなければならないはずの根源的な自由が侵されているのではないだろうか。そして、このことが個人の尊厳を侵すということの意味だ、と考えられなければならない。[*10]

（四）壁をつくらない世界へ

ここで、クローン人間作成同様に「デザイナーチャイルド」を肯定する意見を参考にしたい。遺伝子操作テクノロジーついて、肯定的な意見をもつグレゴリー・ストック Gregory Stock によれば、将来テクノロジーの進歩によって、クローン人間のみならず、親の好みの遺伝形質を取り入れた胚の作成による「デザイナーチャイルド」の誕生が実現するが、そのようにして誕生した子が、自分に寄せられた期待に悩んだり苦しんだりするということは単なる憶測にすぎない。*11今でも、特定の目標に向かって自分の子を強引に押しやる親がいるではないかというように、現状の否定的な分析に依拠して将来の不安を相対化するという手法によって、そのような不安を根拠のないものだとして、ストックは斥ける（そのような論の展開を、ストックは多用している）。

そのような心配とは逆に、「幼いころに養子となった私の友人は、養い親が、まだ幼い少女だった彼女に、自分たちが見た赤ん坊のなかから特にあなたを選んだのだと話してくれたとき、幸せに感じたと言っていた」ということを根拠にして、「恐らく将来の「デザイナーチャイルド」は生まれたときから勝利者のように感じているだろう」とストックは述べる（註11と同書、一四八頁）。自分は、選ばれて生まれてきたのだという意識（誇り）が、良好な親子関係をつくるだろうというのが、ストックの考え方だ。この論理によると、クローンの場合も、自分が選ばれて生まれてきたと考えることができるから、その個人の誕生を何かの目的のための手段としてとらえることには決してならず、心配は「憶測」にすぎないということになるのだろう。

このような楽観的な見方も、意見としてはあるのかもしれない。しかし、「自分は選ばれて生まれてきた」という意識も、少しばかり反省してみれば、無理があることがわかる。何らかの性質や形質を備えた者として選ばれたとはいえ、育つ過程での環境（時代や社会の状況）によっては、遺伝子が予測とは違った発現の仕方をすることは大いにありうることだ。たとえば、時代によって人々の間で慣習となっていること、価値があるとみなされていることは、当然、異なっている。その異なりによって触発される興味や関心、そして、そこから引き出される各人の能力が異なってくることが予測される。このことは、性質が遺伝情報によって一義的に決定されているものではないことを、明らかにする。

加えて、事故や病気の後遺症によって、望ましいものとしてあらかじめ与えられていたはずの性質や形質が損なわれたとしたらどうだろう。性質や形質ゆえに愛されていることを自認する者は、そのような場合にもなお、「自分は選ばれて生まれてきた」という幸せをもちつづけることができるだろうか。性質や形質ゆえに愛されているという認識は、それらが実現しなかったり、実現したとしても事故や病気によって失われてしまったときには、自己の存在の意味をとらえられなくなってしまうことを促すかもしれない。

自分は親から選ばれて生まれてきたという意識が良好な親子関係をつくることがあることを否定するものではない。しかし、社会全体の中にクローン人間やデザイナーチャイルドを受け入れることを許容する根拠となるとは考えられない。いかなる子も、親に自分の存在を無条件に受け入れてもらっている（自分が愛されている）ことを感じるとき、幸福な感情で充たされるのであって、それは決して、自分が親の好みの性質や形質を備えているから愛されて当然なのだという意識によって、得られるわけではない。さらに、「自分は選ばれて生まれてきた」という意識は、自己と他者との間に壁をつくることになりかねない。それは、そうではない人々を差別することにつながらないだろうか。[*12]

このようにして、倫理的な問題は残ると言わざるを得ない。こういう理由でクローン人間の誕生に、私は反対せざるを得ない。したがって、クローン人間の誕生を前提とした様々な議論にも同調することができない。科学技術の進歩を前提とし、将来クローン技術によって誕生した人間が増えていったときに予想される問題に対する準備など、その議論が厳密であればあるほど、およそ人間の本質を考えることを怠ることによってつくられる砂上の楼閣のように思われる。例えば、自然生殖で生まれた者とクローン技術によって生まれた者を分けて、精神面、身体面の双方において健康管理をするための法律整備など。このような行為は、人類の歴史を見たとき、差別と偏見を生み出した人類社会が、その誤りに気づき、その誤りを正すためにこれまで積み上げてきた努力に逆行するものではないか。

違いを違いとして認識するのは正しいことだが、人類の間に誕生に関わる区別を設けることは、新たな差別や争いを生み出す原因となることが予見されねばならない。全ての人間が、平らかに、自他の区別をなくし、平等に生きる社会の実現を目指して努力してきた今日の歩みが、台無しになってしまうような社会をつくってはならないのである。

第二節　医療目的クローン

(一) 医療目的クローン技術とは何か

クローン人間の作成については、ほとんどの国がこれを禁止することで一致しているものの（もちろん、個人的な見解として、禁止することに反対意見を唱える人々はいる。前節参照）、研究や治療目的のヒトクローン胚作成については、必ずしも一致していない。アメリカおよびヴァチカン、イタリア、スペイン、コスタリカなど一部のカトリック国においては、ヒトクローン胚の作成は、「生命」である胚の破壊を認め、かつクローン人間作成の誘因となり得るという理由から、絶対に認められないとされ、また、研究、治療目的のヒトクローン胚の作成が、将来的に有益であるか、倫理的に許容できるかについては、今後も継続して慎重に検討して行きたいとする立場をとるのが、ドイツ、フランスを中心にしたヨーロッパ諸国である。*13 また、この流れに沿って審議を重ねてきた日本は、前節で見られたように、研究を進めるという結論を出した。さらに、イギリス政府は、この問題に慎重な態度をとろうとする世界各国と一線を画した仕方で積極的態度を示し、早くからヒトクローン胚研究を正式に許可している。*14

ヒトクローン胚の研究目的（成果）とは人体のパーツをつくりだすことである。移植医療の切り札ともなるべき、拒絶反応のない臓器（心臓、肝臓、腎臓など）や組織（皮膚、網膜など）を供給することができれば、移植によってしか治療しえない難病に苦しむ人々にとって、この技術は決定的な福音になると予測される。

移植を必要としている人の体細胞の核を用いて胚をつくる。この胚が人間の女性の子宮に置かれ、うまく着床し成長することによって誕生するのが、クローン人間である。子宮に置かず、適切な環境で培養を続け、特定の臓器や組織になるように条件づけることによって、目的の臓器や組織をつくり出そうというのが、医療目的のヒトクローン胚の活用なのである。この場合、得られた器官や組織は、患者本人の遺伝情報をそっくり受け継ぐから[*15]、その部分が体内に移植された場合にも、他の組織全体から異物とみなされず、拒絶反応が起こらないと想定される。したがって、移植用のパーツとしては理想的なものが出来上がるというわけだ。

もしこの技術が実現されたならば、難病に苦しむ多くの人々が救われることが、予想される。誰しもその明るい希望に、異を唱えることなどできそうにないように思われる。病気ゆえの強い痛みや苦しみから解放してくれる医療技術、病気ゆえに若くして生命を失いつつある人に何年かの生命の延長をもたらしてくれる医療技術、そういうものが実現することによって、病気に苦しむ人々が救われることができ、また当の人々がそういう救済を望むのであれば、第三者はそのことに反対などできはしないのではないか。もし反対すれば、新たに開発される科学技術によって救われるべき人々の希望を断つということになりはしないか。そうであれば医療目的のクローン技術に反対することは、他者に危害を与えてはならない、あるいは他者の幸福を妨げてはならないという原則に反することになるのではないかと考えられる。

(二) 新たな技術

これから私たちは、医療目的クローン技術についての是非を問わなければならないが、従来、この技術に対する強い疑問として掲げられている意見があった。その指摘とは、この技術には女性の体を手段(道具)として用いることが不可避である、というものである。核移植によって体細胞クローンをつくるためには、人間の未受精卵が必要とされるが、そのためには、女性から未受精卵を提供してもらわなければならないことになる。女性の身体を卵の提供源として扱うことは、女性の体を手段(道具)として扱うことにほかならず、ここには、倫理的に大きな問題がある。そして、この問題は、クローン人間作成の場合も、医療目的クローン胚作成の場合も同じである。

さらに、胚に生命の起源を見るならば、人間として生まれる可能性のある胚(この胚を女性の子宮に入れて着床させ、そのままうまく発育させれば、子が誕生する。これがクローン人間であることは、既に述べた)をつくり出しておいて、これを分解したり、適切な条件を与えることによって、必要な器官組織だけを取り出し、残りを廃棄してしまうことは、生命を殺すことにあたるのではないか。また、うまく培養できなかった胚は捨てられるが、これも同じことではないか、と考えられる。胚を人格の起源としたときに、ものとして扱われることはあってはならない。しかし、不都合な胚は不良品として廃棄されるというのであれば、それは間違いなくものとして扱われているのである。したがって、この技術には、どうしても倫理的な問題がつきまとった。

ところが、この問題を克服することができたとする新たな技術が注目されるようになった。体細胞を操作して、分化能力（何にでもなる能力）をもたせた細胞の作製とそれを活用する技術である[16]。そして、このひとつにiPS細胞にかかわる研究がある。iPS細胞とは、京都大学の山中伸弥の研究グループが二〇〇七年に作製に成功した多能性幹細胞である。人間の皮膚などの体細胞にごく少数の遺伝子を導入し、一定期間培養することによってつくられ、様々な組織や臓器の細胞に分化する能力とほぼ無限に増殖する能力をもつ、と言われている[17]。

この技術は、いったん体細胞に分化した細胞（すでに分化多能性を失っている）を用いて、体のあらゆる組織になるという能力＝分化多能性を備えるものにつくりなおそうとする（初期化と呼ばれたりする）ものであるから、これによって、治療のための目的の臓器や組織を作製することが可能になるのではないか、と期待されている。ここで扱われる細胞は、体細胞（しかも患者本人の体細胞）に由来する細胞であるから、人間の起源となる胚を壊すことにはならないし、また、そもそも卵細胞を活用するわけではないのだから、卵細胞の提供者としての女性の体を手段（道具）にしているという問題を避けることができる、と考えられている。

このように、多能性細胞を活用する技術が画期的なのは、卵細胞を必要としない点にある。しかし、「多能性」という言葉に隠されたこととして、何にでもなることができる細胞なのだから、生殖細胞（卵細胞や精細胞、ここでは特に卵細胞）にまで導くという可能性がないわけではない。すると、それはやはり命を導いて、目的の組織や臓器を作製することであり、命になるかもしれないものを人間の都合で操作しているという面がある。命を壊しているとか手段として用いているとかいう非難を避けるためには、きちんとした倫理規範を設けて、多能性細胞を生殖細胞に導いてはならないということを、人類の「律」のようなものとして受け入れる、そのように歯止めをかけながらこの技術を完成に導こう、ということになるのであろう。何となく歯切れが悪いが、それでも、この技術が難病で苦しんでいる人たちにとって福音になるということであるのなら、この研究は進められてよいという考え方になるのではないだろうか。

この点に関連して、ある意味とても良心的だが、京都大学 iPS 細胞研究所（CiRA・サイラ）のホームページ（註17参照）は、この iPS 細胞について、あたかもただちに移植用の臓器の作製ができるのではないかと考えてしまう多くの人々の誤解を正すために、かなり慎重な説明に努めている。それは次のようである。

「iPS細胞は、病気の原因の解明、新しい薬の開発、細胞移植治療などの再生医療に活用できると考えられています。難治性疾患の患者の体細胞からiPS細胞を作り、それを神経、心筋、肝臓、膵臓などの患部の細胞に分化させます。その患部の細胞の状態や機能がどのように変化するかを研究することで、今までわからなかった病気の原因が解明できる可能性があります。／また、その細胞を利用すれば、人体ではできないような薬剤の有効性や副作用を評価する検査や毒性のテストが可能になり、新しい薬の開発が大いに進むと期待されています。そして、安全性が確保されたならば、患者由来のiPS細胞から分化誘導した組織や臓器の細胞を移植する細胞移植治療のような再生医療への応用も期待できます。」

一読して明らかなように、この研究によって、病気発生のメカニズムが解明できるかもしれないし、そうすれば治療のための新薬の開発に期待がよせられる、と語られる。さらに、その後に、iPS細胞から組織や臓器が作製されることが実現すれば、これらを活用した再生医療への道が開けるかもしれない、とされる。

私たち素人が再生医療を直ちに考えて、あたかも移植用の組織や臓器がどんどん作製されるようになる状況を想像することを予想し、それを懸念して、再生医療への応用という点については、もっともっと多くの時間をかける必要があることをふまえて、きわめて慎重な表現がなされている。おそらく、早急な実現を願う人たちに非現実的な希望を抱かせてはならないとの配慮から、このような慎重な態度が生まれたのであろう。それでも、いったんこの技術がマスコミによって報道されると、多くの人たちは、特に難病に苦しんでいる人たちおよびその家族や親しい人たちは、一刻も早くこの技術が実現して、病気の治療に活用されることを願うようになる。このことは無理のないことだろう。

だから、表面的には穏やかなその態度とは裏腹に、研究者たちは、この技術の実現を目指して日夜刻苦勉励をもって努力を重ねているはずだ。可能性の実現、不可能を可能にすること、これが今日の科学技術に人々から寄せられる期待であり、そのことを研究者たちはよくわかっているからだ。実際、日本政府は、二〇〇八年度に四五億円をiPS細胞研究に投じ、二〇〇九年度には一四五億円の予算配分をした。また、文部科学省の「再生医療の実現化プロジェクト」では、京都大学、慶応義塾大学、東京大学、理化学研究所が日本のiPS細胞等研究拠点に採択され、また、同省により「iPS細胞等研究ネットワーク」が構築されている。このような社会の状況は、おのずと研究者たちに、研究への意欲と自負心をもたらしていることだろう。

だが、その一方で、本来、科学とは、世界の神秘を暴くことにその本分があったはずなのだが、技術と一体化した今、ひたすら成果を上げることに引きずられているように見えなくもない。このことは、iPS細胞であれ、あるいは将来もっと別の方法でつくられる多能性細胞にかかわる研究であれ、事情は同じである。そうであるならば、研究者たちのより良心的な姿勢を、私たちは応援しなければならないことになる。

(三) さらなる問題点

多能性細胞を用いた技術は、卵細胞に由来しないという点で生命の起源を壊すことと、女性の体を手段(道具)にするという倫理的な問題を避けることはできたようだ。では、問題は片づいたか、と言われると、そうでもない。クローン胚(核をとり除いた卵細胞に体細胞核を移植したもの)であれ、多能性細胞(以下、多能性細胞を用いた技術は、遺伝情報を同じくする組織、臓器の作製という特徴を有することから、医療目的クローン技術に含める)であれ、いずれにも共通する問題点は残っている。

たとえば、クローン人間は正常な外見でも目に見えない遺伝子の発現異常などがありうるので危険だというが、それならクローン胚や多能性細胞から培養する器官組織にも予測できない異常がありうるはずだ。クローン人間の場合は、核を移植した卵(胚)をそのまま子宮に戻し、その後は手を触れない。しかし、必要な器官組織を手に入れるための胚および多能性細胞の培養は、非専門家の想像を絶するテクノロジーが求められる。つまり、人間の操作が加わる度合いは、飛躍的に高まるわけだ。その分だけ専門家の腕の見せどころがあるということになり、研究開発にしのぎを削ってこの競争に参加する研究者の意欲をあおることになるのであろう。「どうだ、自分はこんなにうまく臓器をつくったぞ。」そう言って胸を張る者の姿が想像される。そのように成果を追求する姿勢が安全性を損なってしまうという危険を、どこまで抑えることができるかが重要になってくる。

それでも、(二)の末尾で述べたように、このような心配は杞憂であり、研究者の姿勢を信じるべきだという声も聞こえてくる。そこで、最後にもう一点だけ、懸念を明らかにしておく。これから述べる点は、かつて緑ゆうこによって述べられたものであるが、その論旨は今もなお乗り越えられてはいない。それは、次のようなものである(註2と同書。なお、表現については適宜書き換えさせていただいた)。

クローン人間の場合は、同じ遺伝子の組み合わせをもつ人間をもうひとりつくり出すことを目的としているのに対して、医療目的のクローンは、移植に必要な種類の器官や組織を「大量に」つくり出すことを目的にしている。したがって問題が生じた場合、その影響がより広範囲にわたる可能性がある。

反対意見が大勢を占めているクローン人間の作成については、クローン人間の遺伝子を人類全体の遺伝子プールの中に直ちに入れてよいかどうかについて慎重でなければならないという指摘は既にあり、そのことについて異論はない。しかし、仮にクローン人間として若干の人々が誕生したとしても、その人たちが、人類全体の脅威となることは、まずないだろうというのが緑の考え方である。確かに、その遺伝子は実在の個人の遺伝子であるわけだし、その同じ遺伝子を受け継ぐ個人が人工的な手段で発生させられたとしても、発育過程は子宮の中なのだから、もし問題があれば発育は中断され、誕生にまではいたらないのではないかと推測される。恐らくは、生命としての発育過程を自らの遺伝情報にのっとって営み、そして誕生にこぎつけた以上、その個体が、自然生殖によって誕生している人類全体にとって直ちに危険であるとする明確な理由は今のところ見当たらない。もちろん、第一節で述べたように、クローン人間当人にとっては、個人的に不幸である可能性はある。また、クローン人間が増えていったときに、新たな差別や対立が社会に生じるかもしれない。しかし、このような問題は火急の問題ではないと考えられる。*18

クローン技術が人類に危険をもたらす場合、それは既に存在する人間のDNAをコピーしたクローン人間ではなく、遺伝子操作を伴ったクローンであると考えられる。今まで存在しなかった遺伝子や遺伝子の組み合わせが取り入れられ、その結果がクローンによって量産されたとき、私たちの予測を超えた仕方で生態系を乱す生物群が誕生するかもしれない。そして、このことを引き起こす可能性は、医療目的のクローン技術にある。

緑が挙げる例を引こう。イギリス政府が好んでクローン人間の危険と対比させて礼賛している難病治療のための遺伝子操作研究。究極の遺伝子治療としては、生まれる前に遺伝病を取り除くために、異常な遺伝子を修復した細胞核を未受精卵に移植して発生させる方法など、「正しい」クローン技術利用の一例である。同じく正しい利用法として、豚から人間への移植を可能にするため、特定の遺伝子を導入したり排除したりした移植用豚をつくる努力が、世界中でなされている。そして、このような特殊な豚はクローン技術によって大量に生産できるようになることが期待されている。

そして、この「大量に」という点を、緑は、ビジネスの観点と結びつける。難病に苦しむ人々を救済することができるという大義名分によって政府がこの技術に賛成するのは、医療目的のクローン技術はバイオテクノロジーの一環として公認されるビジネスとなり得ること、そしてこのビジネスは医療関係者（製薬会社）を成長させ、ひいては国家の経済も支えてくれると期待されるからである。こうして莫大な国家予算を投じて研究が推し進められる時、目に見える仕方で成果は上がるかもしれない。[*19]

一部の教団や特異な研究者については、予算、人材、技術に限りのある彼らがなしうる成果はたかが知れている。それよりも世間に認められ、難病克服といったようなよき意図をもった研究者や政府の下で正式に進められる研究にこそ、問題がとらえられねばならない。このことを指摘していることに、緑の特徴的な点がある。核、環境汚染、抗生物質、人類にとっての危険は、少数の特異な研究者ではなく国家的支援を得た研究機関や企業によって、人々の切実な願い（戦争終結、産業発展、難病克服等）を理由に生み出されてきたという事実を、私たちは歴史から学ばなければならない（註2と同書、二二九頁）。この大きな動きに無批判でいることは、将来に問題が生じたときに、問題は「無限に」広がり、かつ「大量に」ばらまかれる危険をもつのである。

（四）問題の光と影

以上、医療目的クローン技術の問題点を学ぶことができた。しかし、このような論によって、はたして、医療目的クローン技術に賛成する人々を説得することができるだろうか。クローン技術の危険性をいくら説いても、一方で、その技術の恩恵にあずかりたいと願う人たちがいるのであれば、その人たちの幸福を何人たりとも奪うことはできないという立場を取る人々を説得することは、やはりできそうにないのではないか。私の寿命を五年延長してくれる医療技術とか、遺伝病を子孫に伝えない医療技術とか、そういうことが可能であるということが研究者からの提言によって知らされ、ところがそういう技術は適用（あるいは実現）されてはならないとされるのであれば、このことについて、私はどのように理解すればよいのだろうか。技術の成果が主張され、それを難病で苦しむ人々が期待し、一方で、その危険についての言説が社会の同意を得ようとする時、恐らくは、その決着は、時の政府の体質と産業界の意向とが合わさったようなものになる可能性が高い。しかし、これこそ緑が危惧し警鐘を鳴らしてくれていることではないのか。

本当の問題。それは技術のメリット、デメリットを挙げて行くことではないだろう。確かに、一見、客観的に見えるその方法は、双方の立場の主張を十分に検討したうえで決着を図るという、民主的な手法に思われる。しかし、現実の問題あるいは予測される問題をいかに枚挙しようとも、あるいはそうすればするほど見えなくなることがある。例えば、研究者にとって、こんなにも努力しているのだから、その努力の成果が認められねばならないと考えるのは、あまりにも当然だし、一方、非専門家にとっては、いくら専門家が保証するといっても、あるいはそう言えば言うほど、疑問を深めざるをえない。[*20] つまり、本当の問題に光があたっていないのだ。

本当の問題とは、その技術が人間を幸福にするのかどうかと問う以前に、人間とは何か、人間の幸福とは何か、あるいは幸福に生きるとはどういうことかについて、問うことなのだ。人間の生と死という根本的な問題について問うことを忘れて、目の前に掲げられた技術の善し悪しを論じても、その場限りの刹那的な議論にしかなりえない。それでは、過去に学びまた未来を見据えて、人間のあるべき姿や尊厳を考えることにはならない。人が生きることの意味を問うことなくして議論し続ける時、すべての問いは影になる。果てしなく繰り返される対立と御都合主義的な解決だけが後に残ることだろう。そうならないための考察を、本書は試みようとしている。

第三節　延命と障がい

(一) 欲望とどのようにつき合うか

私たちは、未来の子どもたちから感謝してもらえるだろうか。もちろん、そのようなことは誰かが保証するというような性格のものではないだろう。私たちの誰ひとりとして、そういったことに責任をとったり、保証したりすることができる者はいない。せいぜい、未来の子孫の幸せを願って努力するだけだ。すべてを予測し尽くし、すべてを必然性の連鎖の中に置くことは、私の能力を越えている。ところが、私の能力を越えた領域があることを認め、そのことを厳粛に受け止めることがまた、人間らしさと人間の幸福とを守ってくれることでもあることを、私は理解しなければならない。自然生殖には、人間の手を越えた領域があって、このことが個人の尊厳を守りぬく。

クローン技術によって子を誕生させる。そのような無理が、本当に未来社会の人々を幸福にするだろうか。クローンを望む人がいるとすれば、その人たちにもっと違った仕方で子どもたちのことを考えてもらうわけにはいかないだろうか。それは、あなたの愛情を必要としている子どもたちは世界中にたくさんいるということ。確かに、あなたの遺伝情報をそっくり受け継いでいるわけではない。しかし、人間の社会性、文化性に注目してほしい。あなたの人格を受け継ぐことのできる子どもたちはたくさんいる。あなたの生き方、人生の意味や価値についての考え方、それらは、一個体の生物としてのあなたが一生を終えた後にも、人々の間に生き残る。あなたを敬愛する者を通じて後の世代へと伝えられる。それとも、ＤＮＡに込められた塩基の配列がより重要なのであろうか。

同じことは、医療目的クローン技術についても言える。科学技術に頼って人の死を無理やり遠ざけることは、本当に正しいのだろうか。そのようなことに社会のエネルギーを無条件に費やすことは、人類を幸福にするのだろうか。私たちは、貧困国に住む人たちを犠牲にしてまで、医療目的クローン技術を推し進めなければならない理由をもつだろうか。

このように見てくると、科学技術に支えられた社会は、人間の欲望を肥大させざるを得ない、その意味で、不幸な社会だと考えられなくもない。では、人間が人間であることのしるしをなす知的な能力を活用し、様々な努力を通じて創りあげた科学技術文明が、人間の幸福を損なうものであるというのだろうか。私たちは、このような結論にたどり着きたくはない。しかし、一方では、そのような側面をもつことも否定されないであろう。

はたして、欲望を充足することは、人間を幸福にしたか。確かに、欲望がかなえられないことは不自由だ。そこで、人々は科学技術の力で欲望を充足する努力を続けてきた。欲望がかなえられないことは不幸だが、それを充たすことで人はもっと幸福になれる。現代は、この延長上の先端にあるのではないだろうか。

人間には希望があり、願望がある。それはそれでよい。しかし、誤った欲望もある。クローン技術によって、生命を自分たちの望みどおりにコントロールすることができる領域を確立しようとすることは、ひたすら成果をあげようとして突き進む今日の科学技術によって惹き起こされた、誤った欲望であるように思われてならない。以下、この点について議論を深めよう。

(二) 延命の論理

具体的な事例を想定して考えてみよう。もし、私に臓器の不具合があり、従来の治療方法では回復の見込みはなく、このままでは生存できないとする。そこで、クローン技術によって拒絶反応のない当該臓器を短期間の内に作製することが可能であり、この臓器を移植することによって私の生存期間が数年もしくは十数年延びる可能性が予測されるとする。しかも、この治療に必要な代価が私の家族の生活を台無しにしないようなものであるとするならば、この治療を、私は受け入れないであろうか。

延命ということに価値を置く医学の立場からは、この治療は患者にとって間違いなく福音であるとみなされるはずである。しかし、私は、あえてここで、それが福音であるとされることの意味を見なおしておかねばならないであろう。なぜなら、その意味や価値が成立する場面そのものを見ることによって、人間存在についての理解が示されることになるからである。人間が生きることの意味が、医療との関係において問いなおされねばならないと考えられているのである。

あたりまえのことだが、個々の人間は個々の生物であって、一個体として誕生し、必ず死ぬ。あまりに当然なこのことに目をやると、人間が死ぬことに何か問題があろうはずはない。老齢によって身体全体が衰え、穏やかな死を迎えることができるならば、本人も周囲の人々も納得することができる。では、人の死に納得できない点があるとすれば、それはどういうことだろうか。それは、人々に訪れる死が全体的な死ではない場合だ。人生の半ばにして、あるいは幼くして、臓器や組織の一部が不具合であるために、他の大部分は健全であるにもかかわらず、死を迎えねばならないとする。その一部さえ治療することができるならば、余命を数年も十数年も延ばすことができるとする。それならば、そういう治療をしてほしいと望むのも、もっともであるように思われる。

しかし、死はまた私の誕生とともにある。つまり、一部の臓器の不具合によってもたらされる早すぎる死にしろ、長寿を全うした死にしろ、死そのものは私に運命づけられたものであって、何も異様なことではない。人それぞれに生まれつき備わった、体形、容貌、運動能力、感覚能力、知的能力、表現能力等が異なっているように、生存時間が異なったとしても、そこに不都合な理由を見いだすことなどできはしない。生命界は、そういう個体差を許容しながら、粛々と生命の営みをおりなしてゆき、古い生命から新しい生命へと次々に入れ代わってゆく。したがって、地球の歴史を軸にとった生物の世界では、そのような個体差は全体の中に呑み込まれ、その生物の類や種が存続していることだけが残ってゆくであろう。したがって、人間についても生物としての側面に注目すれば、同じことが言える。

しかし、人間は意志をもち理性をもって世界の仕組みを解き明かし、そのひとつとして、生命のメカニズムをも解明しようとする。そして、自分の生命の成り立ちを理解する。自分の生や死を知の対象としてとらえ、自分自身を対象としてこれに働きかけることができる。そうして、不都合が生じた自分の身体の一部を治療することによって、早すぎる死を遠ざけることができるようになった。早すぎる死を不条理ととらえ、医療の力を借りて延命する。

そこで今度は、なぜ人は延命を希望するのかということについて、改めて考えてみよう。私たちは、意識の中で死をとらえる。自分が死ぬということによって、今目にしているこの世界から私は切り離されることを理解する。愛する者、美しいものから永遠に離別しなければならないと考えると、狂おしいほどに苦しい。現世に執着があるのだ。だから少しでも、この世界に結びついていたいと思う。そういう我執が誰にでもあるだろう。もちろん、このことを人の迷いとしてとらえ、この我執から自らを解放することによってこそ、本当の自由を得ることができると説いた宗教家たちもいて、私たちはそれらの人たちの教えに多くを学ぶことができる。そうすることによって、死に親しみ、死を容易に迎え入れることができるようになると思う。確かに、生物として誕生した私が死を盲目的に嫌悪すること自体が誤りなのだ、ということを学ぶことは大切なことだ。*21

そのようにして、自分の死を理解し、死を受け入れることができるようになったとしよう。それでもなお、延命を希望するとすれば、おそらくは、家族への責任が考えられるかもしれない。幼い子を残して死なねばならないとすれば、何が何でも医療のあらゆる手段を尽くしても、健康を取り戻し、働いて家族を支えなければならない。責任感の強い人ほど、そう思うことだろう。しかし、私が死んでも、私に代わって残された家族を守ってくれる社会が成立しているのであれば、それでよいと思う。

確かに、私にも子の成長を見守りたいという願いはある。しかし、それは私の願望であり欲望である。もし、この望みをかなえたいと思うのであれば、自分の欲望を充足するために社会に負わせる負担がどれほどのものか考えてみなくてはならないだろう。医療といえども、社会の中で成立する現象であり、社会の成員すべての負担によって成り立っているのだから。もし、その医療の恩恵に与ることのない多くの人々を犠牲にして、自分の欲望を充足することだけを推し進めようとするのであれば、それは誤った選択だ。[*22] それよりも、私の死後、子と共に生きるすべての人たちに子の成長を託すことができる社会の実現こそが、より望ましいと考えるのは、私だけだろうか。延命を無条件に良いことだとする考え方は、このような視点からも考えなおされねばならないのである。

(三)　障がいも個性

視覚器官の不具合のために、視力が失われている場合を想定しよう。クローン技術によって不具合が見いだされている器官組織を新たにつくりだし、これを移植することで視力を回復させることができるならば、これが福音でなくて何であろう、と一応は言ってみたが、本当にそうだろうか。

かつて目の不自由な人が、自分はものの形は想い描くことができるが、色の表象ができず、それが残念だ、と話されていることを聞いたことがある。確かに、花の色彩、空や海の色を言葉に託して伝えることは難しい。もし、私も目が不自由だとしたら、ひと目でもよいからそれらを見てみたいものだと思うかもしれない。しかし、その一方で、障がいも個性だと言うことができるような社会を望ましいものとして、その実現に向かって人々は努力してきた。視力を失っていても、それを補うような仕方で他の感覚能力を発達させ、それらの力を発揮させて、ひたむきにも逞しく生きている人々の姿を見るにつけ、清々しいものを感じる。*23

なるほど、生存競争とは生物界一般の法則で、障がいを伴って生まれた動物、例えば視力を失って生まれた肉食獣は、生き残ることが不可能である。これは生物界の厳しい定めであろう。しかし、人間はその枠を乗り越えることができる。意志と知性によって、障がい者が犠牲にならなくてもよい社会をつくってゆくことが人間にはできる。障がいを伴った人たちが、健常者とともに誇りをもって自らを表現して生きてゆける社会の到来を、私たちはどれほど望んだことか。もちろんこの歩みは、まだ途上にある。しかし、方向性としては間違っていない。たまたま障がいを伴った者と、たまたま障がいを伴わなかった者とが、優しさやいたわりを学び合いながら共に生きることができる社会とは、なんとも望ましいものではないだろうか。*24

ところが、障がいを全てネガティブにとらえると、不良のパーツは、こぞって良いものに置き換えられねばならないことになる。障がいを伴うすべての人々について、すべての不良だと思われる部分に対して、それらの部分はすべて良好なものと取り換えることができるし、また、そうすべきだと、研究者たちは本気でそのように考えているのだろうか。だから、移植用のパーツを「大量に」とか「無限に」とか供給できる体制を目指して、移植医療の発展拡大に向かって邁進しようとしているのだろうか。世界中の全ての人々に、富める者にも貧しい者にも、等しくこの恩恵が与えられることが望ましく、この体制をどうあっても実現せねばならないと、彼らは本当に考えているのだろうか。

どうも私にはそうは思えない。移植医療を受けるチャンスは全ての人に開放するが、これを利用するかどうかは個人の判断に任せる、といったところだろう。選択の主体は医療サービスを受ける側にあり、医療を提供する側はその主体性を尊重するという、一見公平かつ民主的に思われるこの考え方も、少し慎重に見てみると、必ずしも問題がなくはない。

この医療を利用できる者は、経済的に恵まれたものに限られるということが予測されるが、この点についてはどうだろう。一国の中でも、貧富の差があり、このことが、その個人が当該医療の恩恵を受けることができるかどうかを決めるし、貧困国に暮らす人たちには、そのチャンスがほとんど与えられない可能性がある。そうすると、当該医療を受けたいと思うかどうかについて、個人の意志が尊重されるということとは別に、望んでも得られない者が出てくることが予想される。力のある者が有利に事を展開し、弱者は不利な状況に留め置かれるというのでは、私たちが理想とした先の社会の在り方にそぐわないのではないのか。

さらに、障がいを医療技術によって克服することが正しいこと、価値のあることとされれば、障がいとなっている部分は不良品、障がい者は不完全な人間として位置づけられることさえも、心配される。不備を正さない限り、完全な人間とはみなされない社会の誕生であり、新たな差別を人々の間に持ち込むことになる。

私に障がいをもった子がいたとしよう。私は親だから、その子よりも先に死ぬ。もし社会が障がい者を邪魔者とみなすようであれば、その子の将来を考えると不安でいっぱいになる。逆に、障がいもまた個性なのだとして、私の死後も、社会がその子の人生を支えてくれるのであれば、私は、安心して死ぬことができる。障がい者と健常者が共に生きてゆける社会が整っていれば、先に死にゆく者にも不安はない。

犬養道子は、人生において死、苦しみ、悲しみは避けられないものであるとしたうえで、避けられないものであるならば、死をどう受け止めるのか、どのような態度で苦しみ、悲しむのかが問題だと説く。苦しみや悲しみに意味があるのならば、障がいを伴った者も、単なる哀れみの対象としてではなく、健常者同様に同じ人格として人生を生きる者ととらえられなければならないのである。むしろ、「光輝ある苦しみ」を負うがゆえに尊重されるべき人間として生きる者と、理解される。そして、そのような精神が、ヨーロッパの福祉事業を支えてきたのだ、と。[*25] このような精神を継承する学びがあり続けるならば、そのような社会に子を残して死ぬことは、決して不安なことではないだろう。

私たちは、際限なく突き進む高度な技術に極度の緊張を強いられながら、無理に無理を重ねて生命の改変を図る道をただただ「よい」ものと思い込んで、歩み続けているだけなのかもしれない。この道は、正しいもの、美しいものとして定められた価値に向かって、その実現だけをよいこととしてひたすら努力することが人間の生きる姿にふさわしいとして、人々を導き、これから離れようとする者を叱責し、あるいは激励して、ここへと連れ戻そうとする。ここから離れようとする人間は、正しさを踏み外した落伍者だとし、そのようにすることによって、人々を抑圧することもあった。

しかし、私たちは、それとは異なったもうひとつのたおやかで優しさにあふれた道を歩んでもよいのではないだろうか。人間についての学びを重ねることによって、もうひとつの道を選ぶという判断があってもよいのではないだろうか。そのために、次章では、「死」の問題を問いの中に置き、これについて考えたいと思う。従来、「死」は、いやなこと、暗く悲しいこと、それゆえ話題としては避けられるべきこと、避けてもよいこととされてきた。しかし、不確実なことがたくさんあるこの世界の中で、「死」ほど確実なことはない。私は必ず死ぬ。この「死」について学ぶことから、人間の生き方について考える場面を切り開いてゆきたいと思う。この学びによって、私たちは近代科学の呪縛から逃れて、もっと自由な仕方で人間の生き方あるいは死に方について考えてゆくことができると、思われるからである。

註

1　自然生殖においては、卵細胞は精細胞と融合して（受精卵となって）細胞分裂を始める。それに対して、受精卵と同様に細胞分裂の状態に入った卵を人工的につくろうというのがクローン技術である。あらかじめ人工的に核を抜かれた未受精卵に核を移植することによって細胞分裂の過程に入らせようとするもので、この場合、精細胞が介在していないわけだから受精卵と区別して、クローン胚という名称が用いられる。

2　緑ゆうこ「ドリーを生んだイギリスでは生殖クローンより怪しい研究が進んでいる」、『中央公論』、二〇〇三年三月号、二二五頁。

3　クローン技術に関する国際的合意を形成しようとする試みは、宗教をはじめ様々な文化的価値観を異にする国々の間で行われてきたが、その道程は決して単純なものにはなりえなかった。二〇〇三年一一月、国連総会第六委員会（法律委員会）は、ヒトクローン禁止国際条約に関する議論を二年間先延ばしにする決議案を賛成八〇カ国、反対七九カ国の一票差で採択した。国連では、治療目的を含めたヒトクローン胚作成の全面禁止を目指す米国などのグループと、治療目的の判断は各国に任せ、クローン人間作成に限った部分禁止を主張する英国や日本などのグループとの間で、議論が展開されてきた。この対立を克服することができなかったため、更なる議論を尽くすための時間として、二年後の国連総会まで結論を延期することとなり、クローン技術のあり方をめぐる合意は形成されないまま先送りされることになった。そして、二〇〇五年二月にようやく、国連総会は、クローン技術の人間への応用をすべて禁止する宣言を採択した。加盟国一九一ヵ国中、賛成八四、反対三四、棄権は七三であった。しかし、この宣言には拘束力はない（島薗進『いのちの始まりの生命倫理　受精胚・クローン胚の作成・利用は認められるか』春秋社、二〇〇六年、二四一頁）。

4　一九九六年イギリスでのクローン羊ドリーの誕生を受けて（公表は一九九七年二月）、一九九七年九月に総理府科学技術会議に生命倫理委員会が設置された。この委員会は内閣府総合科学技術会議生命倫理専門調査会（二〇〇一年四月）に引き継がれ、二〇〇四年七月に「ヒト胚の取扱いに関する基本的考え方」を提出して終結している。この間の経緯を簡単に見ておきたい。科学技術会議生命倫理委員会に付属するクローン小委員会のメンバーであった橳島《ぬでしま》次郎は、同委員会が二〇〇〇年三月までに出した答申を挙げて、それが人の胚を作成または使用する同じ研究についての規準でありながら、規制の有無や厳しさに格段の差をもうけるトリプル・スタンダードになっており、このことは他の先進国にみられない、日本だけの倫理の使い分けであると指摘する。それは、次のようにまとめられている。第一に、クローン、キメラ、ハイブリッド作成につながる研究は、法律とそれに基づく指針で文部科学大臣への届け出制とし、研究機関と国の二重の審査で承認されることを実施条件とする。このうち、人のクローン胚など「特定胚」の一部のみ、人または動物の胎内に移植することを法律で禁止する。第二に、人の胚から幹細胞（ＥＳ細胞）を樹立し使用する研究は、法律に基づかない行政指導指針で、やはり研究機関と国の二重の審査で承認されることを実施条件とする。第三に、それ以外の胚研究、とりわけ生殖技術の開発研究は、これまで通り産婦人科学会などによる研究者の自主規制に委ねる（棚島次郎「再生医学の倫理的・法的・社会的問題　人の胚の扱いを中心に」、高橋隆雄編熊本大学生命倫理研究会論集『ヒトの生命と人間の尊厳』、九州大学出版会所収、三三〜三四頁）。

また、当該調査会（及び委員会）に初めから加わって審議に参加した島薗進によれば、調査会メンバー構成は推進側中心であり、初めに結論があるような議論であったという（島薗進『いのちの始まりの生命倫理　受精胚・クローン胚の作成・利用は認められるか』春秋社、二〇〇六年、一四一頁）。二〇〇四年同会今村裕夫会長の任期切れ退任にともなう中間報告書（同年二月）には、審議のほとんど傍聴したという最相葉月による厳しい批判（「クローン胚製造は命の商業化だ「生命」について話し合う会議の偏向を告発する」、『文藝春秋』、二〇〇四年四月）が寄せられている。さらに、同会会長を引き継いだ薬師寺泰蔵会長の下で七月に最終報告がまとめられたが、「十分な資料がほとんど出されておらず、この段階で推進の方向で議論をまとめるには審議不十分であるという状況」（島薗同書、一四一頁〜一四二頁）であったにもかかわらず、強引ともいえる採決が行われ、「一つ目は、研究利用のために受精胚を作成することを認める。二つ目は、クローン胚を作成することを認める（中略）。もっとも、卵子提供の問題や、科学的に見てクローン胚を作成する必要があるかどうかについては、さらに検討する。その十分な検討が得られたらゴーサインを出す。つまり若干の条件は付いていますが基本的にゴーサインを出した」（島薗同書、一四二頁）という形で、調査会は役割を終えた。なお、「ヒト胚の取扱いに関する基本的な考え方」最終報告書（二〇〇四年七月二三日　総合科学技術会議）については、島薗同書、二五三〜二七七頁を参照。また、生命倫理専門調査会専門委員、石井美智子、位田隆一、勝木元也、島薗進、鷲田清一、以上五名による最終報告書に対する共同意見書については、島薗同書、二七八〜二九三頁を参照。

5　デオキシリボ核酸（deoxyribonucleic acid）の略称。遺伝子の本体として細胞核中に存在する。アデニン、グアニン、チミン、シトシンの四種類の塩基と糖（デオキシリボース）、リン酸からなる。

6　池田清彦「クローン人間作って、何が悪い」、『中央公論』、二〇〇三年三月号。

7　上村芳郎は哲学の研究者らしく、クローンに反対する個々の主張を支持する自身の意見をひとまずおいて、クローン人間の作成を否定する見解を思想史（自由主義＝自己決定権の重視、功利主義＝最大多数の最大幸福原理の重視）の中においてとらえるとどうなるかを、丁寧に考えてゆく。すると、それらの見解が思われているほどには根拠のあるものではないことが、明らかになる。「倫理的な問題は、クローン技術の人間への適用それじたいにではなく、子どもを自分の意志で支配できる自分の所有物だと思い、たとえば松井選手のクローンを作って大儲けしよう、といった、それじたいが非倫理的な動機の方にある。／クローン人間を産むことが無条件に認められるならば、そうした動機が入ってくることも考えられる。だから規制の必要はあろう。しかし現在でも、体外受精や代理出産が無条件に認められているわけではない。自分の子どもがほしいという場合の選択肢のひとつとして考えられた場合、クローン技術を使うことが、さきに述べた批判によって、禁止されねばならないのだろうか。」（上村芳郎『クローン人間の倫理』、みすず書房、二〇〇三年、一三二頁～一三三頁）生まれてくる子を手段として扱わない人にとって、その人の願い、あるいは自己決定は尊重されるべきではないのか。そのような人に、クローン技術によって子をもちたいという切なる願いがあるのであれば、それは受容されるべきではないのか。自由主義と功利主義の原理に立てば、善意の人の幸せを奪うことは誰にもできないはずだ。このような穏やかな考え方に対しても、私は、やはり受け入れるべきではないと考える。それを本文で示したいと思う。

8　人間の尊厳をなす「自由」について、サルトル Sartre の議論に触れておきたいと思う。『実存主義はユマニスムである』L'existentialisme est un humanisme 邦訳『実存主義とは何か』伊吹武彦訳、人文書院）において、「本質」と「実存」という二概念を通して与えられる人間存在についての理解には、今なお、多くを学ぶことができる。有名な例だが、「ペーパーナイフ」はその用途、役割を理解している職人によってつくられる。「ペーパーナイフ」が存在するにあたって、その何であるか（本質）はあらかじめとらえられていなくてはならず、それを「本質は実存に先立つ」と表現する。

「書物なり、ペーパーナイフなり、このようなもの objet はひとつのコンセプトを頭に描いた職人によってつくられたのである。職人は、ペーパーナイフのコンセプトに頼り、そのコンセプトの一部をなす既存の製造技術にたよったのである。そのように、ペーパーナイフは、ある仕方でつくられたものであると同時に、明確に定まった用途がある。それが何に役立つか知らないで、ペーパーナイフをつくる者はいない。したがって、ペーパーナイフについては、本質——ペーパーナイフをつくりかつ定義することができる製法や性質の全体——は、実存に先立つといえる。」(Jean-Paul Sartre, L'existentialisme est un humanisme, NAGL, 17-18, 1970)

それが何であるかという本質は、それが実存することに先立つ。そうでなければ、それは存在しようがないではないか。何でもないようなものが、どうして形をもって存在することができるというのだろうか。そのような世界観の中で、人間もまたとらえられてきた。デカルトやライプニッツの哲学はもとより、一八世紀の啓蒙思想家たちや、カントにおいてさえもそうであると、サルトルは言う（同書、一九頁〜二〇頁）。「本質は実存に先立つという観念は捨てられることはなかった。」（同書、二〇頁）

それに対して、サルトルは、自らの主張を次のように積極的に述べる。「実存が本質に先立つとは、何を意味するか。それは、人間がまず先に実存し、世界の中に姿を現し、互いに出会い、そしてその後に、定義されるということを意味する。実存主義がとらえる人間が定義できないのは、最初人間とは何でもないからである。人間は後になって初めて人間になるのであり、人間は自らがつくったものになるのである。（中略）人間とはただただ、自分について理解しているところのものであるのみならず、自分が望むところのものでもある。実存して後、自分について理解しているところのものであり、実存への飛躍の後、自らが望むところのものである。人間は、自らがつくるもの以外のいかなるものでもない。」（同書、二二頁〜二二頁）

このように、自らが自分の本質を形づくり決定してゆくというところにこそ、人間の人間たる所以があることが明らかにされるのであるが、このような考え方は、決して手前勝手な自由を語ろうとするものではない。「一方では、個々の主体が自分自身によって自分を選択するのであるが、他方では、人間が人間としての主体性を超えることができないのである。この第二の意味こそ、実存主義の深い意味なのである。私たちが、人間は自らを選択すると言う時、私たちが意味するのは、各々が自分を選択するということであるが、しかしまた、各々は自らを選択することによって、全人類を選択するということをも意味している。実際、私たちの行為の中で、私たちがそうありたいと望む人間をつくることによって、同時に、人間とはそのようにあるべきであると私たちが考えるような人間像をつく

らないようなものはない。」（同書、二四頁〜二五頁）
このような視点が、サルトル独自の engagement の概念と結びついて、人間の在るべき姿を探究してゆくときに、豊かな思索をもたらすことになるのだが、今は、これ以上扱わない。このような思索が、人間の根本的な自由を表現していると同時に、そのようにして人間に与えられている自由が、厳しさを伴っているものであることを指摘するにとどめたい。
「人間は自由である。人間は自由そのものである。もし、一方において、神が存在しないとすれば、自分の行いを正当化する価値や命令を、私たちは目の前にすることはない。このようにして、私たちの背後にも前方にも、明白な価値領域に、正当化のための理由も弁解ももたないのである。私たちは、弁解の余地なく、孤独なのだ。このことを私は、人間は自由の刑に処せられていると表現したい。刑に処せられているというのは、人間は自分自身をつくったのではないからであり、また他方、それにもかかわらず、自由であるというのは、ひとたび世界の中に投げ出されたからには、自分が行ったこと一切に責任があるからである。」（同書、三六頁〜三七頁）

9　ソレン・ホルム Soren Holm は、遺伝子が子の未来を決定するという考え方は誤っているとしても、そのような考え方が社会にあることがクローンとして誕生した子に影響を与えると主張する。「クローンの両親は、その子がどう育つかについて非常に明確なイメージ、もとの人の現実の成長に基づいたイメージを、すでにしっかりと心にもっていると考えられる。このイメージは、その子の育て方に影響を及ぼすことになるだろう。両親は、ある成長を促進し、ある成長を抑制するだろう。アドルフ・ヒトラーやポル・ポトのクローンがどう育てられるか、アルバート・アインシュタインやルードヴィヒ・

ファン・ベートーヴェンやマイケル・ジョーダンのクローンがどう育てられるか、想像してみてほしい。そのクローンは、文字通り、もとの人の人生の陰にかくれて、自分の人生を生きることになるだろう。クローンの人生のあらゆる点に、すでにその人生を生きた誰かがいることになるだろう。クローンはその人と比べられ、クローンの業績はその人と比べて評価されることになるだろう。」(Soren Holm, A Life in the Shadow, in The Cloning Sourcebook, edited by Arlene Judith Klotzko, Oxford U.P. 204, 2001)

10　遺伝子によって、すべてが決定されるわけではないことは、明らかである。しかし、元になる人の遺伝子をそっくり受け継いだ者に対しては、世間は、必ずそのような目でその人を見、その人の成長を見守る。そのことがクローン本人の自由な生き方を損なうことは、懸念されなければならない。しかし、たとえそうであるとしても、遺伝子決定論を多くの人々が信じていることが誤りであり、そのような世間の誤りのために、自分の遺伝子を受け継いだ子をもちたいという人の自由が妨げられるとすれば、こちらの方が間違っているということになるだろう。それならば、人々の誤解を正すことが正しく、クローン人間を禁止するということの方が誤った行為だということになる。そこのところを指摘したのが、ジャスティン・バーレィ Justine Burley とジョン・ハリス John Harris である (Human Cloning and Child Welfare, in The Human Cloning Debate, edited by Glenn McGee, 2nd edition, Berkeley Hills Books, 2000 この論文では、ホルム（前註参照）の名前を挙げて具体的な反論が展開されている。特に、二四一頁〜二四四頁)。世間の方が間違っているにもかかわらず、その間違った世間の態度を理由にして善意の人々の願いを拒絶するというのは誤りで、その誤りを正すことこそが識者の役割だということになるだろう。確かに、誤りを正す努力は、必要なことだ。しかし、仮に世間の誤りを正すことができたとしても、問題は残る。本当の問題は、世間がどのように思うかということではない。そうではなくて、クローンとして誕生した本人が、自分の存在の意味をどのように考えるかということである。ある特定の意味や価値が先にあって、そのような本質の実現のために自分が存在するに至ったということは、サルトルにならって言えば、人間の実存とは異なった在り様である。私は、バーレィやハリスの意見に与することはできない。

11 Gregory Stock, Redesigning Humans：Our Inevitable Genetic Future, Houghton Mifflin Company, 147, 2002

12 このような意識の在り方からの解放を、私は目指したいと思う。そして、この点は、克服すべき優生思想との関連において考える必要がある。本書、最終章（第五章）参照。

13 和田幹彦「クローンベビーとデザイナーチャイルド　21世紀の国際社会への挑戦」、『世界』二〇〇三年三月号、一三〇頁〜一三一頁。

14 ヒトクローン胚研究に許可を与える改正案を既に二〇〇〇年末に国会で可決し、その翌年には、ブレア首相（当時）自ら、ヒトクローン胚研究を含むバイオテクノロジーの分野で、イギリスは世界一の座を目指すべきだと宣言した。粥川準二「ヒトクローン個体産生およびヒト胚研究への各国の対応」、御輿久美子他著『人クローン技術は許されるか』緑風出版、二〇〇一年所収、一七七頁〜一八〇頁。

15　厳密にいえば、核ＤＮＡに込められた遺伝情報だけであるから、一〇〇パーセントではない。ミトコンドリアの遺伝情報は除外されているからであるが、その部分は無視され得るほどに小さいと言われている。厳密な意味で、一〇〇パーセントということが可能なのは、自分の卵細胞に自分の体細胞の核を移植できる女性だけだということになる。

16　本書の出版の最終段階にあった時期に、STAP細胞（Stimulus-Triggered Acquisition of Pluripotency cell・スタップさいぼう）についての研究発表がなされ、世間をにぎわせた。STAP細胞とは、理化学研究所発生科学総合研究センターの小保方《おぼかた》晴子らの研究グループが作製したもので（成果発表は二〇一四年一月三〇日）、細胞に特定の外的刺激（ストレス）を与えて分化多能性をもたせたものである。小保方らは、マウスの細胞を弱い酸性の溶液に入れて刺激を与えることによって、様々な組織や臓器の細胞に育つ能力を引き出した、とされた。ところが、発表後、この研究論文の執筆手法にかかわる疑問点が提出され、これをもとに研究成果の真偽を問う意見までが提出されるに及んだ。本書刊行時においては、第三者による検証を待って、正当な評価を得ることが適切であるとされている状態である。つまりは、一度は、研究成果として世界中に発表されたが、その証明のために現在は評価が保留されているところである。

iPS細胞（同じく多能性細胞、本文参照）にしろ、STAP細胞にしろ、いずれも分化した体細胞から作製される細胞であり、分化能力を備えた幹細胞をつくろうとする点では、共通している。この幹細胞から必要とされる組織や臓器の作製を実現することによって、難病で苦しむ人たちを救うということが、共通の目的であり、この同じ目的に向かって、より安全で（将来癌化する危険性のない）、より確実な（安定した仕方で供給できる）技術の実現を目指して、手段（方法）として工夫されているものである。したがって、将来、分化能力をもった細胞がもっと別の仕方でつくられる可能性はあるし、多くの研究者は、よりよい技術を開発するために努力を重ね続けるであろう。

この姿勢についてのさらなる検討は本文で行うが、この註では、いずれの技術にも共通する点を、再度確認しておきたい。体細胞核に除核した未受精卵という環境を与えて再び分化能力をもたせたもの、それがクローン胚だった。体細胞核に特定の遺伝子を導入して分化能力をもたせたもの、それがiPS細胞だった。特定の刺激を与えて（特定の環境下において）体細胞に分化能力をもたせたもの、それがSTAP細胞である。分化能力をもつ細胞を人工的につくりだそうとするいずれの技術も、分化を終えた体細胞の核に新たな環境を与えて、再び分化の過程を歩ませようとするものである。これらの発想の根底には、次章第二節の（二）で述べるデカルトの二元論的世界観（身体を機械《メカニズム》と措《お》く理解）があると言われてよいだろう。

17　iPS細胞については、京都大学iPS細胞研究所（CiRA・サイラ）のホームページ（http://www.cira.kyoto-u.ac.jp/j/index.html）で詳しい説明がなされているので、これを参照してほしい。

18「もし危険があるとすれば、それはクローンであるがゆえに不幸な親子が地域社会に何千という単位で増えた場合で、その時には社会が特殊な親子を吸収しきれなくなる可能性はある。また、偶然による遺伝子のシャッフルを伴わないクローン生殖は、遺伝子の観点からも人類全体にマイナスの影響を及ぼす可能性があると言われているが、これもまた、量の問題だ。不妊治療や死んだ子供を蘇らせる目的でクローンを望む親は、自分と同じ遺伝子の子供を何十人も作りたがっているわけではないから、量の問題は差し迫った問題ではなかろう。」緑ゆうこ「ドリーを生んだイギリスでは生殖クローンより怪しい研究が進んでいる」、『中央公論』二〇〇三年三月号、二二七頁。

19　私は、『もうひとつの知』（創言社、一九九四年）の「第一章　科学の知」、「第一節　科学と科学者」および「第三節　パラダイムの概念」において、科学は人間社会の中で形成されること、言い換えれば、絶対的な客観性のもとに構築されるものではないこと、つまりは、個々の研究もそれぞれの社会の要求を充たすよりよい研究をなすことを目的として行われ、研究者の主体性も人間の主観と独立に存在する客観的な真理の獲得に向けられて形成されるわけではないこと、したがって、今後よりよい成果を上げる見込みのあるモデルが研究者たちを繋ぎ止め、パラダイムとして定着すること、以上を指摘した。ここから移植医療を見ると、現在、成果が期待されている限りにおいて、研究者を繋ぎ止める力をもつパラダイムとして成立しているのであって、もし新たに別の考え方が研究者をひきつける事態が生じたならば、移植医療はたちどころに旧パラダイムになってしまう可能性がある、ということになる。

臓器はパーツであり、そしてその限り、それは交換可能だというところに、移植医療は成り立つ。不良な臓器を治療することにいつまでもてこずっているよりは、それをあきらめて、良好な臓器で置き換える方がずっと成果が上がるはずだ。そういうパラダイムが研究者の関心を引きつけ、その枠の中で研究者たちが努力するように研究者たちをつなぎ止めている。研究者の側から言えば、このパラダイムの中でよりよい成果を上げようとして、研究者は努力に努力を重ねている。そして、よりよい成果を上げることは難病に苦しむ人々を救うということを意味しているから、研究者の道徳心と責任感は十二分に充たされている。研究途上にある多少の不合理さや理不尽さは、この大きな責務の下に容認されるか、無視されることになる。そこでは、命を扱う職務に携わり努力している自分の主体性を疑うことはない。

また、そもそも慢性の難病の治療方法として移植医療が注目されているのは、それが成果を生むことが期待されているからだ。したがって、今まで根本的な治療が諦められていた臓器や組織の不全をもたらしていた何がしかの原因因子が特定され、それをコントロールする方法が開発され、実際に機能が回復されることが一例でも見つかって、根本的な治療の可能性が示唆されたとしよう。そうすると、目的の組織や臓器の作製にたどり着かずに苦戦していた研究者のある者は、これまでの研究を諦めて、臓器や組織の根本的な治療方法の開発に向かうかもしれない。治療の対象がその人本人の生まれつきもっている組織や臓器であれば、移植医療に伴う難問のいくつかは初めからないのだから、より多くの成果があがる可能性が予見されるというように考えるようになる。そして、パーツの交換ではなく、阻害原因因子の特定及び排除という枠組みがより多くの研究者を魅了する場合には、こちらの研究が主流になるかもしれない。そうすると、移植医療はきわめて限定された技術としてしか残らなくなるかもしれないし、場合によっては、忘れ去られてしまうということも起こり得る。

研究や実験には、失敗はつきものだ。しかし、移植医療が難病に苦しむ人々を救済する唯一の切札だと信じ込ませ、期待させ、そのような期待のもとに、慎重論を排し、多大な犠牲（患者や善意の人々の研究協力、研究者の研究と生活そのものを支える厖大な国家予算を伴った経済的支援）を払うことによって、研究が成り立っていることは忘れられてはならないであろう。このようなことに無自覚であることは、たとえ研究への熱意が難病に苦しむ人々を救うという責任感から出ているとしても、自らの立場を特権的なものとして置くことに他ならず、このような擬似的な主体性にとらわれた主体は、真に自由な研究を自分から奪ってしまう。

20　例えば、原子力産業に携わる研究者は、安全性を確保するために努力を重ねている。安全性を確かなものにするための努力を重ねることによって、いつしか、こんなにも努力しているのだから、それに相応する安全性が確保されているはずだという信念が生まれる。努力＝確実とする信念である。このこと自体きわめて非科学的なのであるが、それに加えて、研究態度が誠実であればあるほど、研究にかける価値観や人生観が生まれる。そうなると自分の研究を批判されることが自分の人生を否定されるような錯覚をもつようになってしまう。こうして、謙虚で真摯な研究者も、技術の安全性に疑問が投げかけられると、突如普段の態度を一変させて、権威的に振る舞うということがおこってしまう。

21　「死」についての教育は、とりわけ日本の学校教育において、欠落している点である。この問題については、引き続き次章でも考えてゆきたい。

22　経済のグローバル化によって、富みは欧米を中心にした数か国に集中する傾向がある。発展途上国に暮らす低所得者層は、高度医療の恩恵に与ることはほとんどあり得ないのが現状だ。製薬会社等様々な研究施設において行われているクローニングや動物実験を含めた高度な研究も、その研究成果の恩恵に与る与らないの区別なく、すべての人類の負担によって支えられていることを忘れてはならない。

23　須田年生は、「発生医学とは何か」（高橋隆雄編　熊本大学生命倫理研究会論集『ヒトの生命と人間の尊厳』九州大学出版会所収）の中で、自分に欠けているもの、自分が失ったものを嘆かずに、現存機能を発揮させて、生き生きとした人生を歩んでいる人たちの言葉を紹介している。「〇目の見えない女性は、空のイメージがつかめずにいた。しかし二羽の鳥を飼うようになってから、その声の違いから光の方向や天気が感じられ、空をイメージすることができるようになった。また歩行時にもっている杖は、触覚のためでなく、音の反響の違いで障害物があるかどうかを知る。〇筋肉の病気の男性は、辞書がめくれなくなってから、英語がよけい上手になった。忘れては大変と頭にたたきこむからか。〇サリドマイドで四肢に異常がある少女は、水泳をマスターしたあと、「今度生まれてくるときも、この体がいい」と言った。」（須田前掲書、二〇頁）

24　「たまたま」という言葉は、「理由なくして」という意味で用いた。障がいを伴って生まれるということ、あるいは病気や事故で障がいを伴うことになるということは、すべての人に起こりうることであり、本人に責任が求められることではない。何の理由もなく、ただ一方的に存在を私たちは与えられたように、障がいを伴う者も伴わない者も、ただそのように在るのであって、今、偶然に理由なくして健常である者が障がいを伴うということもありえたし、またありうることだ。

25　犬養道子「死の思想」、『私のヨーロッパ』、新潮社所収、二一五頁〜二一六頁。

第二章　死を問いの中に置く

第一節　生と死

(一) 尊厳死についての議論

多くの人が死を病院で迎えるようになった今日、治療方針あるいは延命のための処置が、本人の意志以上に医師の考え方に依存する場合がある。医療について非専門家である患者の中には、専門家である医師の考え方に従って治療を受けることが望ましいあるいは当然だと考えて、最初からすべてを医師に依存することに何の疑問もさしはさまない者もいる。

また、医師の側にも、いわゆるパターナリズムという伝統的な規範（社会の中に受け入れられている人々の行動、生き方を導く精神）によって、(父権に似た患者庇護の精神から、専門家として治療方針の決定に主体的な役割を進んで担おうとする者もいる。恐らくそこには、命を守るという医師としての強い義務感があるのだろうし、それを担って努力を重ねる医師には称賛の念が結びつく。

さらに、そのような強い意志と義務感に支えられた医師の権威に接することによって、患者の方も守ってもらっているという安心感を得ているのではないかと想像される。そのような安心感が、その当人にとって、人生最後の時を過ごすのに好ましいものであるとするはっきりと自覚された考え方があるのであれば、それでよい。

その一方、今日、死が病院に隔離されてタブーとなった時代に、死を取り戻すことの重要さが唱えられるようになった。自分の死をどのように迎えたいか、人生の最後の時をどのように過ごすかという問題は、どのように生きたいか、どのように生きるべきかを真摯に考えて生きてきた人のかけがえのない人生の最後の纏めにあたるとても大切な問題である。そのように大切な問題を他者に任せきりにしてよいはずがない。

人生の最後の時をしっかりと見つめて生き、そして終わりたい。そのように考える立場から、「尊厳死」は自己の権利、自己決定権のひとつとしてとらえられるようになった。そして、この時、「死を選ぶ権利」が語られるからには、注意深く自殺予防の配慮がなされねばならず、この点もまた当初から強調されていることは、評価される。ところが、大谷いづみによれば、「尊厳死の考え方が広まるにつれて、老人や重度障がい者が生きていることに引け目を感じるようになるのではないか」という主旨の新聞記事を材料に行われた高等学校の授業において、「生命の質が低くなった老人や重度障がい者が、社会の負担を減らすために自ら死を選ぶべきだと考えるように援助することこそが、進化した社会である」と論じられた生徒の答案が見いだされたという。[*1]大谷としては、「生と死の問題群」を教育の場で扱うことに教師としての責任と矜持をもって慎重に自分の授業を展開していたはずだ。それにもかかわらず、教師が期待する思索とは全く別の反応が、生徒によって示されることになる。

尊厳死が自己決定権に基づく権利として教科書に記述され、教室でそのことが語られ、「自分らしい死」が「いのちの輝き」とともに語られる。同時に、少子高齢化社会の問題が同じ教室で語られるとすれば、生き続けることが困難な状態になった人には、早々にこの社会から退場してもらうのが本人にとっても社会にとっても幸せなことではないか、という考え方がなされるとしても、不思議ではない。そうすると、このように考えないことは、人生についての自覚に欠如しており、このような考え方を支持しない社会は文化的に劣った社会だということになりかねない。さらに、このことは生命に優劣の序列を持ち込み、劣っているとみなされた者から生存の機会を奪うことになるかもしれない。

もちろん強制的に奪うことはあり得ないだろう。しかし、自分が生き続けることが社会に負担をかけることになる、自分は人に迷惑な存在だというような意識が形づくられる方向に人々を向かわせることは、十分にあり得ることだ。障がいを伴った人々にそのような意識を形づくらせ、自ら進んで社会から立ち去る、人生を終える選択をさせてしまうような社会の空気をつくってしまうとすれば、それは問題である。[*2]

与えられた命の意味を自己の意識に乗せ、死という最後の瞬間までどのように生きるべきかを自律した主体が自分の問題として考えることを促すということに、生命倫理教育の意味があることには異論はないだろう。しかし、その結果として、障がい者が健常者に疎外されたり、あるいは障がい者が健常者に遠慮して生きなければならないような雰囲気あるいは社会の動き（制度を含めて）がつくられてしまうようではいけない。前章で見たように、私たちは、障がい者（たまたま障がいを伴って生きることになった者）と健常者（たまたま健常でいられる者）[*3]がともに喜びや悲しみを分かちあえる社会の実現を望ましいものとしてきたのだから。その理想に近づく努力を損なうようなことがあってはならない。

（二）命の選択

そこで一歩進んで、なぜよき生のために考察された尊厳死言説が人々に脅威となりうるのか、この点について大谷の思索に学んでみよう。大谷論文が収められている同書には、松原、小泉の質問に大谷が答える「「問」を育む――「生と死」の授業から」が同じく収められている（ここでの大谷からの引用は、註1と同書、一四四頁〜一四六頁）。この中で大谷は、ヒトゲノム解析機構の第二代ELSI委員長[*4]を務めたロリ・B．アンドリュース Lori B. Andrews が The Clone Age : Adventures in the New World of Reproductive Technology（邦訳名『ヒト・クローン無法地帯』）の中で出生前診断を「この世への入会資格審査 admission standards for birth」と表現していることを紹介している。[*5]

将来、重篤な遺伝的病気や障がいをもつことになることが出生前の診断によって予測される場合、修復が試みられるか、それが不可能な場合には、障がいをもって生まれる子を不幸な生命とみなし、そのような生命の誕生を避けるために、その時点で発育が人工的に阻止されることが可能になる。もちろんそのまま手を加えずに自然な誕生を待つということもひとつの選択肢だ。

最後の場合、なるほど、生まれてくる子が障がい児である可能性をあらかじめ予測し、それに備えて心の準備（学び）をしておくというメリットがあると言われるかもしれない。しかし、このようなことが事前に（数か月前に）なされることに、どれほどの意味があるのだろうか。逆に、誕生することによって個体同士（母子、父子）の触れ合いによって育まれるであろう共生感や、それによって困難が克服される可能性さえもが、将来についての不安に衝き動かされて、事前に断ち切られてしまうことになるかもしれない。そして、現時点では修復の技術が確立しているわけではないから、自ずと出生前診断は、もし障がいの可能性が見つかれば、否定的な（人工的に発育を阻止する）仕方で対処することを促す役割をもたざるをえない。そうであれば、出生前診断が、「この世」への入会資格審査」と呼ばれることには、十分な説得力がある。

そうすると、「尊厳死」を語ることは、「この世の会員資格審査」だということになりはしないか。障がいを伴う人、老齢ゆえに身体の様々な機能が低下し、医療の援助を受けなければ生き続けることができない人、総じてＱＯＬ（生命の質）が低くなった人が、他者に勧められてではなく、自らがそう考えて自分の「会員資格」を返上して「死」に赴くのである。このシステムは、「この世」にとって大変都合がよいというわけである。

さらに続けて大谷は、この都合のよさの恩恵を受けるものは誰かを問う。それを限られた医療資源、社会資源の分配を心配する権力だとすることに留まってはならず、「この世」の構成員全員に他ならないと大谷は指摘する。福祉社会を実現し、快適な文化生活を維持するためには、生産性の高いメンバーからなる「会員限定クラブ」として社会が成立することが望ましい。自分が発揮した能力に相応しい対価を得て有利に生きることができるからだ。

ここでは、ＱＯＬの低い存在は、構成員の快適な「生」を維持するために員数外に置かれる。そして、さらに重要なのは、構成員としての資格を備え、この社会で十分に利益を受け生活した後、病気や事故によるか、あるいは誰にでも訪れる老齢によって、ＱＯＬの低下を招いたときには、「尊厳死」の理念に基づいて「会員資格」を返上しなければならないということになる。

構成員は、ＱＯＬの低下した自分の状況を認識し、「会員限定健康クラブの正会員」の資格を有しなくなったことを認識して、クラブ維持のためにクラブから脱会すること、つまり死ぬことを尊厳をもって選ばなくてはならない。「自らの質の低さを自認して自らを死へと廃棄することを納得するための概念装置が、「犠牲」、「尊厳」なのではないか」と考えられるのである。

「尊厳死」についてこのように考えると、大谷が言うように、それはひとつの「美しい物語」である。ところがその「美しい物語」が難病者や重度障がい者を脅かしてきたし、今もそうしている理由は何かといえば、大谷は、それを人々の「怯え」ととらえる。「会員限定クラブの構成員としてめでたく認定された人自身の怯えの反転形ではないか、「死」によって自分の「尊厳」を守り他者と共同体のための「犠牲」になるという美しい物語を信じずにはいられないほど、構成員自身が怯えているのではないか」と。

健康であること、健常であることに価値を置く健常者、「会員限定健康クラブの正会員」は、自分が事故や病気で障がいを伴うことになるとか、老化してQOLが低くなるということについて、不安を感じている。自分の能力を発揮して、誰の世話にもならなくても生きていくことができる（と思っている、実は誤りなのだが）現在の在り様から、能力が衰え、欠如し、他者の介護に支えられなければ生きて行けない自分を考えることは、心配で仕方のないことなのだ。もしそうなったらどうしよう。この不安や怯えから逃れることが、尊厳をもって死ぬことに他ならない。誇り高く生きてきた自分が、惨めに生きながらえることに対する怯えを断ち切ることが、尊厳をもって死ぬことである。

「死」によって自分の尊厳を守る、生きる権利と同様に死ぬ権利を個人の下に戻すという尊厳死の考え方が、自分がQOLにおいて劣った者、低い者になることに対する不安や怯えによるものであるとするならば、確かに障がい者を脅かすものになるであろうことは容易に想像できる。もちろん、今、一所懸命に生きている障がい者に向かって、その生を否定するようなことは誰もしない。しかし、障がいを伴うこと、ＱＯＬが低いこと、それらは惨めなことであり、自分にはあって欲しくないことだという意識は、障がい者を価値において劣った者として置き、劣った者と優れた者との間に壁を設け、自分が劣った者として在ることを拒もうとすることであり、明らかにそこには、差別の構造がある。そして、この差別の意識は自分にも向けられ、今健康に恵まれて生きている者も、劣った者になることに怯えながら生きなければならないことになる。

この怯えの原因について、別の所で大谷は、「そのひとつ」という仕方で譲歩しながらも、「役に立つ人間でなければならないという強迫観念」ではないかと述べ、「その怯えと強迫観念はいったいどこから来るのか、その正体を探ってみたい」と語っている。[*6] 恐らくは、この問に対する答えは、大谷によって準備されつつあるのであろう。しかし、それとは別に、大谷の問に促されて、私もこの問に答えてみたいと思う。そうすることによって、「死の教育（学び）」に付帯する難問（尊厳死にかかわる議論を学ぶことが、弱者を脅かすということ）を克服することを、試みたいと思うからである。そして、「死の教育（学び）」を進めることによって、私たちが学ぶべきことは何かについて、はっきりとした視点をもつことができると考えられるからである。前章で見られたように、人間の欲望を肥大させ続ける社会とは無慈悲な社会だと考えられるが、このような社会の在り方、そしてそこに生きる人間の生き方を考えなおすための大切な学びを、「死の教育（学び）」は提供してくれると考えられるからである。以下の叙述は、この論証に充てられる。

第二節　財としての健康

(一) 生命の質

前節で述べられたように、人々はQOLの低下に怯え、その怯えの根本には役立つ人間でなければならないという強迫観念をもっている。ではなぜ、そのような強迫観念をもったり、怯えたりするのだろうか。もちろん、この問いに答えるためには社会学や心理学の手法を駆使した調査や考察が必要なのであろう。しかし、それらに訴えなくても、今できる方法で考えてみたい。それは、現行の社会の中で生きている私たちの意識の在り方を反省するという哲学の方法によってである。

人々は、医療を消費することになって久しい。体調が悪ければ病院に行く。事故に遭えば病院に行く。病院で私たちの症状に適切な処置（治療）を提供してもらい、それに相応しい代価を払う。そういう仕方で医療を消費している。私は、自分の健康を取り戻すために、金銭を支払っている。そこでは、健康とは財である。代価を払って財を得る。それはちょうど、食糧が今日の社会システムの中で財となってしまい、より裕福な者がより自由な仕方で食糧という財を手に入れることができるように、[*7] より経済力に富む者が、より高額な代価を支払って、より高度な健康という財を手に入れることができている。社会的に成功した者、より豊かな国に住む者が健康という財を手に入れ、逆に、貧しい者、貧しい国に住む者には健康という財が手に入らない。

そうすると、競争に勝った者、経済力に優る者が、健康という財を手に入れることができ、そうでない者は諦めなければならないという世界が出現する。医療というこれほどまでに人間として生きることができるかどうかという要件に直結することが、力の有無に依存するとは、いったいどういうことだろうか。適者生存とは生物界一般のルールであるとして、これを人類も受け入れて生きることにしたというのなら仕方のないことであろうが、私たちはそうではない社会の実現を理想としたはずではなかったか。

健康に恵まれなかった者を健康に恵まれた者が助けて生きる、有能な者が能力において劣った者を支えて生きる。無条件に与えられた健康や能力に感謝し、他者に援助の手を差しのべることができる力を与えられていることに感謝し、また支えられる者もそのようにして生きることができることに感謝して、共に感謝と喜びを分かち合うことができる社会の実現を、私たちは理想としたはずであった。[*8]

なるほど身近な医療は多くの人々の健康増進に寄与しているし、これによって社会の幸福が図られている。難病治療のために努力が重ねられている高度な医療のおかげで、余命を伸ばすことができた人、社会復帰ができた人、諦めていた自分たちの子をもつことができた人たちがいる。それらの医療が、疾患に苦しむ人々にとっては福音であり、社会に幸福をもたらしていることは、否定されない。

しかし、今日、東南アジアの国々の中には、移植による医療の提供を海外に向けて発信する国々が現れるようになった。アメリカ合衆国や日本のような国で移植医療を受けた場合にかかる費用の半分とか三分の一で、同じ治療を受けることができると、喧伝される。そこでは、移植医療のための臓器や組織が健康や生存のための道具と見なされ、医療は健康という財を手に入れるための手段として扱われるようになっている。そして、その財を所有することにおける国家間の経済力による格差、個人の経済力に依存する格差を埋めることは今のところできそうにない。加えて、医療研究者たちも、彼らが開発しようとしている技術がすべての人類に等しく公平に提供されることを、本気で考えてはいないのではないか。[*9]

このような状況を見る限り、力をもつ者（健康に恵まれた者、経済力において優位に立つ者）が、障がい者やＱＯＬの低下した老人を劣った者と考えることはありうることであり、さらにまた、健常な人々も自分が劣った者とみなされることを恐れ、そうなることに怯え、それゆえ、そのようにならないことに力を注ぐことになる。そして、健常であること、ＱＯＬの低下を招かないようにしようと努力すること自体が、それらを願っても得られない人々を疎外し、差別することになり得るのである。もちろん、このような差別構造を意図的に好む者はいないはずだ。しかし、それにもかかわらず、そういう差別を生む空気があるとすれば、それはいったいどこからやってくるのか。今、私たちはこの問題に切り込まなければならない。そして、この検討のためのヒントが、強い主体、意志の主体として生きることを理想とした近代思想を再度検証することにあると思われる。

（二）背後の思想

「主は三つの驚嘆すべきことを行った。無からの創造、自由意志、神人。」[*10]

デカルトの言葉である。周知のように、デカルトは心身を峻別した。世界は考えるもの res cogitans と延長的なもの res extensa との二元的要素からなるものとされた。私の身体を含めて、動植物（生物）一切はよくできた機械（自動機械）として位置付けられた。荒唐無稽な過去の一世界観にしか思えないようなこの考え方も、人間の表象的世界の考察に照らしてみると、それほど見当違いでもない。[*11]

人間以外の他の生物が現実世界に根を張って生きており、自己の感覚器官によって形成された現実の物理世界を表す感覚的知覚に対応した仕方で行動しているのに対し、人間だけは現実の物理世界を覆う意味の世界＝表象的世界を自己の意識の内に形づくり、この独自の表象的世界の住人として振舞った。考えるものとは表象的世界を形成し、その中に生きるものであり、同時に身体に結びついている限りにおいて、身体を通してこの現実世界（客観的物理世界）に結びつき、これに働きかけ、これを改変して生きてゆくものである。他の生物同様生まれて死ぬという特徴から、人間が生物であることは疑いないが、しかし、あらゆる生物の中でただひとつ例外的な生物であり、その本質は、もちろん表象的世界をもつということである。

デカルトは、自由な意志にこそ人間の偉大さがあることについて、いささかの疑問ももたない。[12] デカルトのこの自由意志論の魅力とは何か、と尋ねられれば、自分の意志的な努力によって自分の価値をいかようにも高めることができることにある、と答えることができる。デカルトの哲学においては、真理（明証性）一切は、世界の何であるかを表す本質であり、独自の存在を有する。[13] そういう存在としての真理をひとつずつ暴いてゆく、発見してゆくことによって、人間はより多くの知恵を得たことになるわけだが、そうすることは真理を創造した神に一歩一歩近づくことにもなる。考えるもの（思惟実体）である私は、思惟（考えること）をその属性 attributus とし、その属性の様々な在り様として、個々の真理を思惟の様態 modus としてもつ。[14]

考えるもの(思惟実体)は、それが何であるかという本質を表す真理の存在を認識することによって、その存在を思惟の一様態として、自らの内にもつことになる。このように、真理の認識において進めば進むほど、存在により多く一致し、より多く在ることになる。そのようにして存在者としてのレベルを高めていくことができる存在者が、ただひとつ私たち人間なのである。[*15]

デカルト自身、人間に「自由な意志」があることに驚いた。意志の力で、知性を活用し、世界の真理を暴いて行くことができるこの人間とは一体何だろう。そう考えたとき、デカルトがたどりついた結論は、考えるものである私は、物理的、客観的（私を取り巻く環境）世界から独立に存在し、これに対峙し、これを認識の対象としているということだった。二元論はそこから必然的に導かれた。だから、二元論が、精神を認識の主体としてたて、物体（身体を含めて）を認識の対象として置くのは当然であって、これが二元論の本来の意味である。[*16]

世界（物体）のメカニズムを知り、これを可能な限り活用することは精神に与えられた特権であり、この力を活用しないことは怠慢である。貧しさを克服し、自然の脅威に脅かされることなく暮らし、豊かで幸せな生（世界）を実現するためには、努力して世界を知り、世界にはたらきかけ、世界を改変しなくてはならない。そういう務めが私にはある。世界を知る精神が世界を生きる際に結びついているのが身体であり、この心身合一体として健康に幸せに生きることができる世界をつくり出すことが人間のなすべきことであって、それが「よく生きる」ことなのだ。そこに、他の生物には見られない人間の偉大さがある。デカルトの確信は揺らぐことがない。念のため言っておくが、デカルトがそう考えたということが重要なのではない。そう考えたデカルトの考えに人々が集い、そのようにして近代以降が展開したということが重要なのだ。

このようにして、世界を認識する主体、判断の主体として自己を形成してゆけるものとして存在することに、人間としての尊厳が求められる。そうすると、自ずとそうでない存在者は、価値の劣った存在にならざるを得ない。自らのアイデンティティを確かなものにするためには、私は活動の主体でなければならない。しかもただ何かをすればよいというのではなく、人々にとって価値があると思われるものをつくり、価値があると思われることをする自由な意志の主体でなければならない。そうでなければ、私は自分の存在意義を見いだせない。逆に、そういう主体として生きてゆけない自分を考えることは、否定的で消極的なもの、価値の劣ったものとして自分をとらえることだ。それは、生きる意味が希薄になった自分をとらえることに他ならない。

自らが考えるものとしてあることの偉大さに驚嘆したとき、私は、自分が強い主体、有能な主体としてあることを望ましいものと考え、さらに、そうあらねばならないと自らに命じたのである。デカルトの『方法序説』冒頭の言葉に見られるように、理性はすべての人に等しく備わっている。だから、この理性を磨いて活用しなければならない。努力の主体として生きるという言い方は、私の道徳感情を幸福な仕方で充たしてくれる。逆に、そうしないことは、怠惰であることであり、そのようなことは、人間性に反する。怠惰であったり、能力を発揮できない自分とは、忌まわしい、避けられるべき存在なのである。

自分の努力によって自分の価値を高めなければならない、そこに人間の他の生物と異なった偉大さがある、このように人間をとらえることによって近代精神は成立した。そして、人類は、その努力を積み重ね、世界を改変することに成功した。近代は、それ以前とは比較にならない仕方で、産業文明を発達させ、人類は、その創造的な力に陶酔し、自己の尊厳をそこに見いだした。そうすると、逆に、その能力に欠けるところ、劣るところがあるということを認めることは、とてもつらいことになる。自分を否定的にとらえることしかできなくなる。それが強迫観念となって、私たちをますます創造へと向かって駆り立てている、と考えることができるだろう。やはり、私たちは今なお近代の中にいるのである。そして、この意識の在り方が、自分自身に怯え、また障がい者を脅かすことになる。

このような意識の在り方が、今、私たちを追い詰めているということがはっきりと自覚されたならば、ここから脱却する動き、新しい世界を形づくって行こうとする動きが始まらねばならない。様々なところで、様々な仕方で。この動きが形をなすとき、近代を前史と置く現代が始まる。そこでは、意志の主体であることは変わらないとしても、強い主体、独立自尊の主体であることを絶対視することをやめて、他者との間に壁を設けない平らかで、穏やかな存在者、共存の存在者として生きることを実践することが始まる。[*17] そして、この方向に向かって学びを積み重ねることは、福祉の学びに重要な糧を与えてくれることであろう。

第三節　無限な意志、有限な存在者

(一) 有限性の認識

デカルトと彼に続く人々、そして私たちもまた、人間の無限な意志に驚嘆した。世界を理性の対象として置き、これを理解（解釈）しようとして際限なく努力する意志に人間の偉大を見た。小さな人間にとって世界は無限な広がりを見せ、その小さな人間は無限な意志の力に導かれて、世界の神秘をひとつずつ解明し、自分たちの幸福のために役立てようとした。そして、それを実践し、成功を収め今日に至った。それは、不可能を可能にする営みの連続でもあった。

私が生きる世界は、一方では、美しくのどかな自然であるが、他方、疫病や自然災害の脅威に晒された厳しい世界でもある。それゆえ、人類は、それらの脅威からの脱却を図り、そのための努力を重ねてきたのだった。そのような努力が、結果として都市の風景をつくった。都市は人々に利便性を提供し、人々はそれに充たされた生活をますます好んだ。進歩と発展が常態となることによって、人々は今現在どんなに不可能だと思われることも、将来においては可能になると漠然と信じるようになった。たとえ根拠がなくても。

私たちには知られていないことが無限に在るという認識は自分の謙虚さをいうことにおいて正しいが、しかし、だからといって、まだ私たちに知られていない地球資源（将来利用可能な資源）がもっともっとあるはずだと考えることは、手前勝手な信憑に過ぎない。

人々は、より豊かで快適な生活を実現すること――それへと向かって努力すること――が、人間らしい生き方だとすることに、いささかの疑問ももつことなく生きてきたようだ。そして、このような生き方を価値のあることだと信じて生きることによって、逆に、このような人間の活動にやがて限界が訪れるなどという主張は、人間の価値を貶《おとし》める邪《よこしま》な考え方だとか、人心を惑わせて人々の純粋な心を傷つける悪辣なものだとかいうように、みなされてしまう。それは、人類の可能性を損なうような考え方だとして、忌み嫌われ、捨て置かれ、その結果、絶えず忘れ去られようとする。

確かに、人口の減少、エネルギーと資源の枯渇によって廃虚になる都市群の荒涼とした風景を想像することは、寂しくもまた悲しくも感じられるかもしれない。しかし、人間の活動によって、地球環境が変化していることは周知の事実である。世界は人間活動の影響を吸収しきれなくなっているし、世界は無限ではなかった。人間活動の影響がなければさらに数億年も保たれるはずの地球生命が、場合によっては、その影響のために数百年しか保てないのではないかという危惧を表明する研究者もいる。もちろん、この点には異論があるだろう。したがって、これを保留しておくとしても、この地球にも誕生があったように、いずれ終末が訪れる。たとえ人類が環境汚染をくいとめることができたとしても、また地球の資源を枯渇させなかったとしても、太陽がそのエネルギーを使い果たすとき、太陽系の星々は消滅する。

もちろん、研究者たちは、人類の存続を目指して、新たなエネルギーの開発や新たな環境の探索に取り組むことだろう。しかし、それでも、星々に誕生があるのなら、終焉もある。そして、それが、個人の「死」同様に受け入れるしかない真実、人間の自由にならない事実であるのならば、やはり、それを受け入れるための学びと教育が必要なのだ。それが、表象的世界に生きる私たち人間の宿命なのである。

人類にも終焉があり、私たちひとりひとりの人生に終わりがある。しかし、人間にとって、その終焉も終わりも、ただそれだけではない。終焉や終わりの意味をどのようにとらえて生きるか、これが人間にしかできない生の形なのである。本章では、それをまず有限性の自覚として学ぼう（そして、次章では、生と死をつなぐ思想として学ぼう）。

もし、そのような学びと教育とを怠ったらどうなるか。消費型の生活を持続することによって、十分な分け前（消費財）が得られなくなった時、私たちの社会には、欲望をむき出しにした残酷な生存競争社会（弱肉強食社会）が出現するかもしれない。それは、動物たちのように、本能にプログラムされた通りに粛々と生と死を営む現実世界の秩序に降り立って生きることとは異なる。表象的世界の中でしか生きることのできない人間は、欲望にそそのかされて、狡猾と残虐を尽くし、殺害、侵略、差別をやってのけるかもしれない。自己の生を保存するという合理性のもとに、果てしのない狂気を発揮することは、歴史を振り返ってみれば大いに考えられ得ることだ。そうなると、人類はその存続の最終地点をますます近い将来に招き寄せることになり、その最後は残虐さの色に染め抜かれるかもしれない。

したがってまた、そのようにならないための思索の鍛錬が必要なのだ。際限のない欲望に衝き動かされて生きること、それは、自他共に悲惨なことである。自らの表象的世界の中で縦横無尽に奔走する欲望、それは、狂気に他ならない。いつ狂気に転化するか分からない欲望を抑えるのが「死」の学びである。それは、表象的世界に住む人間にとって欠かすことのできない学びなのである。

（二）死に学ぶ

人類の未来をあるいはその終焉を悲惨な結末にしないために、私たちは「死」に学ばねばならない。無限な意志に対して、私が死ぬということは、私の自由にならない厳粛な事実だからだ。

この事実をしっかりと見つめることによって、人間の存在者としての身分を反省することができるからである。

自己の「死」をもまた各自の表象的世界の中で処理しなくてはならなくなった人間にとって、しかし、それをどのように処理すればよいのかということは、難問であり続けた。そして、真実の「死」をとらえることは極めて困難になってしまった。多様な生、多様な文化の中すべてに、人間の真実があるからである。

自分で自分の価値を高めてゆけるユマニスム[*18]、それは素晴らしい。無限な意志の力に神に似たもの、神の似姿をとらえたのも無理はない。人間には、あらゆる可能性が開かれているように思えたのであろう。しかし、それは、人間の欲望を抑える歯止めを外してしまうことにもなりかねなかった。欲望だけが無限に肥大し、抑えることができなくなったとき、偉大は悲惨になる。そういう悲惨を避けるために、「死」を学ぶことは重要なのだ。人間の有限さを自覚し、際限のない欲望を抑えて、今を生きることを学ぶことができるからである。

そして、この学びによって、自分が生命を与えられていることに感謝し、障がいを伴っている人々を助けて生きることができる力を授かっている場合には、そのことに感謝し、また、自分が障がいを伴っている場合には、助けられて生きることに感謝することができる。その時、障がい者を脅かしている真の原因である怯えの意識、すなわち自分が障がいを伴ったり、老いてＱＯＬ

（人生の質）の低下した人生を歩まなくてはならなくなることに怯えることから、人は解放される。

どのように死にたいかと自らに問いかけることを人々に促すことは、その最期の時までどのように生きたいか、どのように生きるべきかという問いを意識させ、明確な問題として各人が自覚することを促すことである。私は、死なないために生きているのではない。確かな死を認識し、その死の時までどのように生きるかを考えることこそが、ＱＯＬを高めることなのだ。ＱＯＬは、医療が客観的な数値をもって決めるものであってはならない。どんなに惨めに見えても、当人がそう望むのであれば、ＱＯＬは充実している。

そうであるならば、障がいとは決してＱＯＬの低さを意味しているものではないことを、人々とともに学ぶことが重要である。人は、ありのままでよいこと、健康や知力において優劣があるとしても、それは個性の差でしかない。能力の違いは、ただ違っているということに他ならず、決して、価値の序列に置かれるべきものではない。健康であることは、優れていることを決して意味しないことを、私たちは学ぼう。同時に、健康に恵まれなかった場合にも、それは質の劣った、哀れな存在ではない。逆に、苦難に耐える高貴ある生とみなされることもできる。障がいを伴っている人たちとは、障がいを伴うことになったかもしれない私に代わって、それを背負ってくれている人格であると考えるならば、感謝と尊敬の対象になる。[*19]

これらは、障がいを伴って生きる者と健常である者とが、共に助け合って生きてゆくことを望ましい生き方として選んだ人間社会が、教育と学びによって、文化として定着させるべきことである。そのような社会の中には、難病の克服のために真摯な努力を重ねている研究者の姿もあり、その姿は人間のすばらしさを私たちに示してくれる。自分の研究によって人々を苦しみから救うことができるのではないかという意欲に充たされた研究者の態度には、称賛が伴う。しかし、能力や健康を価値とみなし、それらを得るように努力することだけが正しい行為（価値のあること）だと考えることは、望んでもそれがかなえられない者やそのように望まない者と、能力や健康に恵まれた者との間に壁をつくることになる。さらに、障がいを個性ととらえず欠陥とみなし、そういう欠陥は等しく修復（治療）の対象であるとし、そうしようとしない者を、理解力において劣った者とみなすということになりかねない。

自分の提唱する善さに従わない者を差別し、迫害する。そこでは、障がい者に役立ちたいという善意が、悪意に転換している。これは、人間に共通な傾性である。私たち人間には安定などなく、常に危ういところを生きていると考えることの方が、これまでの歴史に学べば、人間を正しくとらえていると言えるのではないだろうか。

人は、自分が生きているという現実、あるいは生の形を理解し、たとえその形がどのようなものであろうと、それを受け入れて生きなければならない。そこでは、生についての理解、自分の人生についての納得が大切な要件となる。そして、この要件を充たすためには、「死」の教育、「死」

の学びが必要なのである。

無限の可能性を許容する表象的世界に生きる私、無限の意志に人間の偉大さを見た私、そういう私にとって私の自由にならないものとしてあるのが「生」と「死」である。一方的に生命を与えられて生かされた私は、一方的に与えられた生命をたとえ意に反しても返さなくてはならない時が来る。私は、必ず死ぬ。私の自由にならない仕方で、決定的な事実として「生」と「死」がある。この「死」に学ぶことによって、私は人間の存在者としての身分を理解することができる。「死」について語ること、そして、そこから学ぶことは、このことである。それは、決して「美しく死ぬ」ことに価値を見いだそうとする学びであってはならない。

尊厳死の言説に導かれて、現代人の怯えの根源をとらえようとして考えてきたことによって、その怯えの原因が、価値のある人間として生きてゆくことができなくなった自分、社会から排除されるほどにまで価値において劣った者となることの不安にあることが理解された今、「死」の学びをもうひとつの方向に向けて学びなおすことが求められていることが、わかる。そこでは、他者と私との間にある壁が取り払われ、一介の小さな生命同士として今生かされていることを教わることができる。欲望に振り回された無慈悲な社会を避けるために、この問いを温め続けることは、人類にとって普遍的価値をもつ。

註

1　大谷いづみ「「いのちの教育」に隠されてしまうこと――「尊厳死」言説をめぐって」、松原洋子、小泉義之編『生命の臨界　争点としての生命』、人文書院所収、二〇〇五年、一一八頁。

2　大谷は、太田典礼の思想を検証することによって、尊厳死思想が優生思想に結びついていることを、かなりの紙数を割いて検討しており、その指摘は十分に説得力がある（大谷同書、一〇五〜一一七頁）。また、「優生思想」のもつ現代的な問題点を考えたものとして、森岡正博『生命学に何ができるか　脳死・フェミニズム・優生思想』（勁草書房、二〇〇三年）がある。テクノロジーの進歩によって新たに現れてくる問題を、森岡は次のように述べている。「たとえば、すべての妊婦が出生前診断を受けるような社会が到来したとしよう。そういう社会では、生まれてきたすべての子どもは、「親がこの自分の生命の質を吟味してＯＫを出したから自分は存在を許されているのだ」という感覚、すなわち「自分の生命に関する、ある価値判断がクリアーされたから、自分の存在は許されたのだ」という根本的な感覚を抱いたまま生きなくてはならなくなる。この根本感覚は、一方において「自分は選ばれた人間なのだ」という選民的優越感をもたらすかもしれないが、他方において、「自分の存在は無条件に許されたわけではないのだ」という存在不安をもたらす危険性をはらんでいる。／つまり、選択的中絶や、受精卵診断と廃棄のような技術が常識となった社会において、すべての子どもたちは、自らの存在が無条件に許され、祝福されたわけではないという根本的な意識を抱きながら生きなければばならなくなる。これは、「自分の存在は人々によって無条件に許され、祝福されたのだ」という自己肯定感覚を得ることができないまま成人する人間が、社会にあふれることを意味している。」（森岡前掲書、三四三頁）。このような社会のあり方を放置すること、すなわち容認することは、「無条件に存在を許されたのだ」という安心感や喜びを人々から奪い取っていく営みに、加担することになる（同書、三四三〜三四四頁）。この安心感とは、「たとえ知的に劣っていようが、醜かろうが、障がいがあろうが、私の〈存在〉だけは平等に世界に迎え入れられたはずだし、たとえ成功しようと、失敗しようと、よぼよぼの老人になろうと、私の〈存在〉だけは平等に世界に迎え入れられ続けていると確信できる」という安心感であり、これは、「人間がこの社会で生きていくための基礎」、「人間の存在を基盤で支えているところの、世界と社会に対する信頼のようなもの」であり、この安心感の上に立って、「人は社会の中で自己実現へと歩んでいける」と森岡は述べる（同書、三四四頁）。全面的に同意できる意見である。このような意見を支えてゆくためにも、サルトルに学んだ実存（人間存在）の理解の大切さが強調されてよい（本書第一章註8参照）。

3　「たまたま」という語の使用については、前章の註24参照。

4　一九九〇年アメリカ議会において承認を受けたヒトゲノム計画は、人間の細胞のひとつひとつに含まれている五万個から十万個の遺伝子すべての位置を決定し、その構成要素を解析しようというものであった。そして、その最終目的は、全部で四千近い遺伝性疾患について、その遺伝子診断や遺伝子治療を容易にすることだった。そのような遺伝子研究がもたらす倫理上、法律上、社会上の意味を分析する研究（studies of the ethical, legal, and social implications of genetics）も、同時に進められることになり、その頭文字をとってＥＬＳＩ《エルシー》計画と呼ばれた。Lori B. Andrews, The Clone Age : Adventures in the New World of Reproductive Technology, Henry Holt and Company, 184, 2000（邦訳ローリー・B・アンドリュース『ヒト・クローン無法地帯』望月弘子訳、紀伊国屋書店、二二三頁）。

5　アンドリュース同書、一四二頁（邦訳一七三頁）。なお、「この世への入会資格審査」という言葉は、アンドリュース自身の造語ではなく、同書の別の箇所に明らかなように、マーシャ・サクストンMarsha Saxton の表現を借りたものである。「障がい者を守る活動をしているマーシャ・サクストンが〈この世への入会資格審査〉と呼んだ、胚移植前の遺伝子診断について考えてみるといい。あるカップルが体外受精を受け、その結果、いくつもの胚ができる。そしてそのすべてについて、遺伝子診断が行われる。たとえば、シャーレの中に十個の胚があったとしたら、そのうちどれを母体内に移植してもらうかを決める時のカップルは、おそらく、子宮の中で五ヶ月まで育った、たった一人の胎児を中絶するかどうかを決める時の基準とは異なった「遺伝学的価値」になるのではないだろうか。」アンドリュース同書、一六四頁（邦訳、一九八頁）。

6　「なぜなら、役に立つ人間でなければならないという強迫観念は、役に立たないと見なせる人間への憤怒や憎悪と表裏一体のはずです。その憤怒と憎悪を、妬みや嫉妬と連動させて正当化したのが、まさにナチズムだったのではないかと思うのですけれども、その片鱗は現在のフリーライダー論にいくらでも見いだせるんじゃないでしょうか。」大谷同書、一五〇頁。

7　この点について、松永澄夫の次のような指摘が正鵠を射ている。「総人口に対する総食糧量という問題よりも深刻な問題は、食糧が財として集められる種類のものになることや様々な財と交換されるものとなることでもって、人々がどのような質のどれほどの食糧にありつくかに関して、人々の間で酷いアンバランスが生じるようになったということである。それは、人間個体がもつ食物の知覚的探索能力や取得のための運動能力、更に食べる容量の差異に見合った偏りではない。／そして、食べることとそのことに先立って、（移動でき、交換可能な財としての）食べ物を所有するという事態があることによって生ずる問題は、食べ物の所有に先だって更に、食べ物の産出が可能な大地や池、種子等を（資源としての資格で）所有するという事態が人間社会では見られるということでもって、増幅される。／食べ物は自然の恵みとして、そのつどの現在に、受け取られるだけのものとしては現れなくなった。資源を使って財として生産されるものになった。そして、そこには過去における、資源に関する諸権利の配分という歴史が反映されているのである。」松永澄夫『「食を料理する」哲学的考察』、東信堂、二〇〇三年、二一五頁。

8　本書第四章「第三節　存在を肯定する言葉」参照。これらのことから言えることは、福祉の学びとは、障がいを伴う人についての学びというよりは、私たちのだれもが人間として生きることの意味を学ぶことであり、不自由なく生きていると思っている者が、そして、困難に遭遇している者が、ともに人間存在の根本に立ち戻って、生きることの意味を学びなおすことである。

9　本書第一章「第三節　延命と障がい」（特に「（三）障がいも個性」）参照。

10　Descartes, Cogitationes privatae, Œuvres de Descartes publiées par Charles Adam et Paul Tannery, J. Vrin（以下、A.T. と略記）, tome X, 218

11「表象的世界」について簡略に説明する。動物同様人間も、現実の物理的世界に住んでいる。生物として、環境に生存する多くの命あるものの生命を摂取して、人間は生きている。しかし、一方で人間は意志に導かれて生きている。衣食住という生活にきわめて密接な事柄についてさえも、何をどう食べるか（工夫の継承が独自の料理（郷土料理）となった）、何をどう纏うか（寒さや暑さから身を守る工夫の延長上に、美を競う服飾文化がある）、どこにどのように住むか（それぞれの民族によって工夫された多様な住まいは、風土に即した生活しやすさの知恵の集積である）というように、他の動物たちには見られない創意工夫の集大成とみることができる。それらは、環境にはたらきかけて、環境をつくりかえて生きている人間の特徴を非常によく表している。どうしてこのようなことを人間だけはするのか、あるいは、することができるのか。そこに人間にだけもたれる「表象的世界」の存在がある。人間は、現実の物理的世界からこの表象的世界を分離独立させた。現実の物理的世界を覆い尽くすような仕方で、表象的世界＝自分が理解している世界を張り巡らし、この世界の中で、可能性を考え、それを実現するための工夫をする。その考案に従って世界にはたらきかけ、世界をつくりかえてゆく。したがって、表象的世界が、人間にとって直接的な世界であり、この世界を通して、人間は、現実の物理的世界にかかわって生きている。私たちの日常生活の中で失敗や間違いが起こるのも、表象的世界でとらえていたことが現実にそぐわない場合に、そうなるのである。そして、ありもしないことを意図的に語れば、それは嘘を言うということだ。この表象的世界がいかにして人間にもたれるようになったのかを説明することはできない。しかし、この世界をもつことによって、人間は、他の動物たちとは決定的に異なった種となった。表象的世界は、文明を築くという偉大の基盤であると同時に、数多くの悲惨（虚偽、欺瞞、殺戮）の温床ともなった。下村英視『言葉をもつことの意味』（鉱脈社、二〇〇八年）第一章、「第四節　動物の認識と人間の認識」参照。

12「人間における最高の完全性は、人間が意志によってすなわち自由に活動することにあるのであって、したがってまた、ある独自の意味において、意志が自分の行為の作者であり、またこのような行為によって称賛に値するということにあるのです。」（デカルト『哲学原理』第一部第三七節 A.T. tome VIII, 18）また、デカルトは、人間の自由意志に、神の似姿を見ることができるとしている。「意志、自由意志、これのみが、それ以上には大きないかなる観念もとらえることがないほどに大きなものとして経験されます。神の像及び類似を私が担っていることを理解するのは、この点にあるのです。」（『省察』「第四省察」A.T. tome VII, 57）、「自由意志は、私たちを自分自身の主人とし、神に似たものとするのです。」（『情念論』Descartes Œuvres philosophiques Textes établis, présentés et annotés par Ferdinand Alquié, Garnier（以下、Al. と略記）, tome III, 1067）

13　デカルトの「永遠真理の創造説」と呼ばれるもの。神は世界を創造するにあたって何かとして創造した。それが存在する限りは何かとして存在しているのであって、この何かが本質と呼ばれるものである。だから、神は、この物理的世界の創造と同時に、本質を創造した、ということになる。そして、ものの本質ひとつひとつが真理なのである。したがって、人間は、あらかじめ創造されている世界の本質をひとつひとつ暴いてゆくことによって、世界を知り、真理の認識に至る。人間の知への歩みとは、デカルトによれば、客観的に存在する真理をひとつひとつ探求し発見することである。

14　スコラ哲学の用語法に従って、デカルトが使用している実体、属性、様態という用語を用いて表現すると、このようになる。『哲学原理』第一部第五六節　A.T. tome VIII-1, 26 参照。

15　厳密に言えば「精神」、「考えるもの」。ここでは心身の結合体として人間と表記した。デカルトにおいて、人間とは、心身が結びついてこの世界を生きる姿であって、死とは、朽ちた身体から精神（霊魂）が離れることに他ならない（『方法序説』第五部。A1. tome I, 632）。デカルトが霊魂を不死とすることは、二元論の立場からは、まことに象徴的である。

16　デカルトの二元論については、下村英視『もうひとつの知』（創言社、一九九四年）「第三章　絶対的な客観性」の「第一節　二元論」参照。

17　石牟礼道子の描く世界が、このモデルなのである。下村英視『もうひとつの知』（創言社、一九九四年）、「第五章　もうひとつの知」参照。

18　デカルトの哲学。本章前節「(2) 背後の思想」参照。また、下村英視『言葉をもつことの意味』(鉱脈社、二〇〇八年) 第二章参照。

19　第一章第三節「(三) 障がいも個性」、犬養道子からの引用部分参照。

第三章　生と死をつなぐ思想

第一節　高史明とやさしさの思想

(一) 在日朝鮮人作家高史明《コサミョン》

生と死をつなぐ思想と題された本章は、「死」を問うことの意味について考えた（前章）あとで、今、生を享受している私たちが、人の死をとおして、生きることの意味を再び学ぶことを目的とする。このために、在日朝鮮人作家高史明の思索に導かれて、この学びを深めたいと思う。彼には、ひとり子の死をとおして学びえた人生の真実があり、深い悲しみの中でそれを語ることによって、本当に人を生かす力とは何であったのかを、人々に送り届けようとする意志がある。

高史明には、『生きることの意味』という作品がある。[*1] 自伝的性格をもつこの書を世間に送り出すにあたって、高史明は、次のように述べている。「この本は、在日朝鮮人の一人である私が、様々な出来事にぶつかりながら、何とかして生き抜いていこうとした歩みの記録です。わたしは、朝鮮人と日本人のより深い心の触れ合いと、より強い心のやさしさを求める気持ちにおされて、ペンを取りました。」（『生きることの意味』、一二頁）

この作品のモティーフのひとつをなすものが、「朝鮮人」である。筆者高史明は、朝鮮人という出自を大切にしているが、そこには、筆者の父親に対する深い敬意と思慕の情がある。朝鮮人としての誇りをもち続け、日本の政策による創氏改名を強いられた後も筆者のことを朝鮮名で呼び続けた父は、支配される人間として置かれながらも、それに屈することがなかった。その姿勢は、朝鮮人でありながら支配する国である日本の側に身を寄せる考え方を身につけて育っていた筆者と、対立することになる。筆者は、父親のかたくなさを憎み、父親に反発する。しかし、朝鮮人としての意識に目覚めたとき、筆者は父親を理解し、自らが朝鮮人であることに誇りをもって生きようとする。

この点を理解するために、当時の日本社会の状況について、できるだけ簡略に見ておきたい。一九一〇年に、日本は韓国を併合する。正確には、韓国を併合して朝鮮総督府を置く。したがって、歴史上、韓国という国家がなくなり、人々は、朝鮮人と呼ばれることになる。この状態が、一九四五年の日本の敗戦まで続く。このことによって生じた重要なことが、ふたつある。ひとつは、創氏改名と日本語使用の強制であり、もうひとつは、土地調査である。

前者は、その民族の言葉を奪う政策であり、日本にやってきた朝鮮人はもちろん、朝鮮半島に居住する人たちに対しても、強制された。それは、暴虐ともいえる行為であり、その影響ははかり知れないほど大きい。言葉を奪うことは、民族の伝統と文化を奪うことであり、それは、その人たちが生きてつみあげてきた生の歴史を奪うことでもあった。

しかし、ここでは、日本に多くの朝鮮人が居住することをもたらすことになる直接的な原因となった後者について考えたい。この土地調査とは、日本が併合した朝鮮の土地の所有権をはっきりさせる一方、所有権のはっきりしない土地を日本の土地にしてゆく事業であった。日本の農村や山村でもかつてそのようなところが多く見られたが、朝鮮の農村では、土地は集落の人たちみんなのものという考え方が強くあり、また、個人の所有がはっきりしている場合でも、その保障を慣習に頼ることが多かった。つまりは、土地の登記が公的な機関になされていないという事情があった。これらの土地は、所有権がはっきりしないという理由で、すべて日本政府によって取り上げられることになる。

そこで暮らしていた人たちの生活実態を無視した政策によって土地を取り上げられた人たちは、おのずと生活の糧を求めて都市部へと流出することになる。それでも、都市部に吸収されることができなかった人たちは、働く場所を求めて日本にやってくることになる。高史明の父と母も、そのような流民のひとりであった。[*2]

日本にやってきた彼らは、朝鮮人として差別され、極貧の中で日々の生活を耐え忍ばなければならなかった。そのような困難な暮らしの中にあっても、決して貧しさを恥じることのなかった父親の教訓は、「カミ一枚　トッテクルナ／ハシ一本　モラッテクルナ／クギ一本　ヒロッテクルナ」であり、「人ヲナグル者ハ、背中ヲチヂメテ眠ルガ、／人ニナグラレタ者ハ、手足ヲノバシテ眠ルコトガデキル。」であった（『生きることの意味』、五五頁〜五六頁）。決して施しを受けてはならない。もちろん盗むようなことはあってはならない。また、「ナグル」とは、言葉通り暴力をふるうことも含まれるのかもしれないが、おそらくは狡猾に搾取したり、人をだまして奪ったりすることであったのではないか。苛酷な労働に見合わない低賃金のもと、搾取され＝ナグラレるばかりで、それゆえ、はた目からは惨めな生活を続けている気の毒な人というように見えたとしても、手足ヲノバシテ眠ルコトガデキルことに、この父は人間としての誇りをもって生きていた。

そして、戦後、この父親は、自分たちが受けた差別の報復をすることなど決してなかった。踏みつけられた経験がある者こそ、人が困難に見舞われている時、その人の力にならなければならない、と考える。成長した高史明にとって、この父親は、生き方の手本を示す人間として受けいれられる。しかし、このことは、成長した高史明が大人になってあらためて出会った父であり、最初からそうであったわけではない。少年であった高史明は、父とたびたび対立するが、それは、貧しさゆえの差別、朝鮮人であるがゆえの差別に苦しむ自分に理解を示そうとしない父への反発であったのであろう。その苦しみの中で醸成されたものが、やさしさの思想である。

（二）作品『生きることの意味』とやさしさの思想

作品『生きることの意味』の主人公は、自分を差別する日本人たちに対して暴力をふるうようになる。差別的な言動は、暴力によって表面的には封じ込められることになるが、もちろんそれで問題が解決するわけではない。そのことによって、主人公はさらに孤立を深めることになり、また、より力の強い人間、すなわち作品の中に登場する朝鮮人を差別する教師による、さらなる差別を招くことになる。主人公は、理由もなく（朝鮮人であるという理由で）殴られ続ける。

作品では、孤立を深める中で、主人公が自暴自棄になってゆく姿が描かれるが、そのとき、主人公をどこまでもひとりの人間として扱い、見棄てようとしない人格として、阪井石三先生が登場する。この人物との出会いによって、はじめて主人公の目が他者に開かれ、他者から自分に注がれているこころに気づく。

孤立する少年（主人公）を叱り続ける阪井先生との関係をとおして、あるいは先生の態度から、本当のやさしさを経験した主人公は、人に対するやさしさを自分の感情にすることができた。それは、筆者高史明自身にとって、大きな発見であったはずである。もちろん、彼にその発見を促してくれた人物が、作品に描かれているような教師であったかどうかはわからない。朝鮮人としての誇りを失うことなく生きた父親かもしれないし、大きなけがをしたときに心配してくれた隣人かもしれない。しかし、そのような誰かと高史明は出会い、やさしさを自分の感情にすることができた。このことが大切なことなのだ。

「はじめに」で述べられる高史明の次の言葉は、本篇での阪井先生との出会いの場面を想い起こさせる。

「わたしたちがさまざまな出来事に出会い、自分自身を発見していく過程は、他の人々を発見していく過程であるともいえます。たとえば、人は自分一人ではどうすることもできない出来事にぶつかったとき、深い絶望に襲われることがあります。しかし人は、その絶望のなかで、一人ぼっちの自分を発見するだけでなく、一人ぼっちの自分を考えていく過程において、自分と他の人々とのつながりも発見していくものなのです。人間は、この他の人々の発見をとおして、人に対するやさしさを自分の感情にすることができるのだといえます。[*3]」（『生きることの意味』、一〇頁〜一一頁。）

絶望の中にあっても人を生かす力となるもの、それを高史明はやさしさの思想として結実させようとする。人は、「生きることが、不安そのものであったところから」（同、一三八頁）出発しなくてはならないことがある。この不安は混沌とも言い換えられるが、そこからの出発を、高史明は次のように述べている。

「私が、いかめしい父の姿に隠されている、人のやさしさを理解するようになったのは、混沌から出発して、この生きることの意味を自分で探求し始めてからのことでした。この意味では、私の生きることの意味の探求は、人のやさしさを探求していく歩みであったともいえるでしょう。／わたしは、このやさしさということばが好きです。やさしさとは漢字で書きますと、人を憂えると書きます。人の世の創造的で素晴らしい関係は、なによりもまず、人が人を憂えることから始まるといえるでしょう。（中略）わたしが、父のやさしさとともに阪井石三先生のやさしさを、やさしさとして発見するようになったのは、この探求のおかげでした。／いま、この発見は、わたしにとって、深い力になっています。たしかに、人のやさしさこそは、人間を生かしていくほんとうの力になるものだといえます。わたしは、これからもなお、生きることの意味を探求しつづけてゆき、他の人たちの探求に学びながら、その意味を深めてゆきたいと思います。」（同、二三九頁）

第二節　言葉をもつことの不幸

(一) やさしさの思想を問いなおす

作品『生きることの意味』において、人の「生をささえてくれるものと考えられるものを考え」ぬいた高史明は、「人がその存在の根本においてもつやさしさこそ、どんな過酷な条件をも乗り越えさせてくれる力である」ととらえ、それをある少年の生い立ちを通して作品としてまとめあげた。[*4]

ところが、この作品を著してから半年余り後、高史明はその子真史氏を自死によって失う。子の死をきっかけに、高史明は、やさしさの思想が間違いであったのかどうかについて考えざるをえなかったとしながらも、なおかつこの「やさしさという力」を自分の手に握りなおしたいと表現し、しかし、同時に、その言葉を書いていたときの理解に留まっていてはならないとも言う。[*5]それこそが子の死によって教わったことだとする高史明の学びを、引用しておきたい。

「あの言葉を書いていたとき、私には、それが人間の言葉であるということについての深い自覚が、ありませんでした。いうなれば、人間が人間であるとするしるしの言葉を使いながら、その言葉の創造的な大きな力にのみ目を奪われ、その大きな力が同時に、人間存在の根本的な不幸をかたちづくるものであるという深い自覚がなかったのです。そのとき、私は人間の言葉に対して傲慢であり、その傲慢であるということはまた、囚われでもあって、その私の使うやさしさとは、やさしさという言葉でありながら、なお自由を欠く、やさしさからほど遠いものでしかなかったといえましょう。やさしさとは、人が言葉とともにある人間存在の根本的な不幸を見て、その言葉にたよろうとする思いすら捨てさり、祈りそのものとなるとき、その不幸を乗り越える力として、自然に溢れ上がってくるものだったのでした。」(註5と同書、一九二頁)。

私たちは、常識的には言葉をもつことの偉大さを考える。言葉＝ロゴス＝理性の力によって、この世界を合理的に理解し、漠然と存在している世界の中に秩序を敷き、人間は、そこから豊かさを引き出した。人間の偉大さは、言葉をもつことに象徴されている。しかし、高史明は、ここで逆のことを言っている。言葉をもつことの不幸。『生きることの意味』を著しつつあった高史明自身にとって、言葉による不幸が考えられていなかったわけではないが、もっぱらそれは言葉をもたない場合の不幸や、言葉の内容にかかわる不幸に限られ、言葉をもつことそのものにかかわる不幸については意識されていなかったという（註5と同書、一九三頁）。

ここではその不幸について、詳しく触れることはできないと言いつつも、言葉をもつことを当然ととらえ、言葉に対する恐れを持たないことに、その不幸があることが明らかにされている。

「この不幸について目を開き、それへの恐れをもたない限り、人間を他の動物や植物に比べて、優位に置くしるしであるかに見える言葉が、逆に人間の不幸の源ともなり、また言葉そのものをも枯渇させるだろうということだけは、しかと見つめていたいと思っています。存在するものは、その根本においてすべて平等なのです。[*6]」

（二）言葉をもつことの不幸

言葉をもつことの不幸について、高史明の考えをよりよく知るための資料として、『〈新編〉僕は12歳』に収められている高史明の書簡を取り上げたい。真史氏と同世代の若者に宛てられた高史明の書簡は、真史氏と同じく人生に真摯に向き合い、疑問を抱き、苦しみながら生きている若者に差し出された極めて誠実な文章であると同時に優しさにあふれたものである。

書簡は、真実なる生を希求する若者が、その希求にこたえようとするひとつの純粋な形での死を肯定しようとすることに対して、自死は認められるものではないことを断固として説こうとする。夏目漱石の作品『こころ』や『行人』に言及しつつ、自分たちの先達の苦悩に学びながら、高史明は、私たちの不安がどこから来るのかを若者に向かって語ろうとする。その姿は、まことに慈愛に充ちたものであって、高史明の愛情の深さ、優しさが読む者の心の中に流れ込んでくる。

「人間《にんげん》の不安《ふあん》は科学《かがく》の発展《はってん》から来《く》る。*7」

高史明は、夏目漱石のこの指摘にことのほか共鳴する。高史明にしろ、その半世紀以上も前を生きた夏目漱石にしろ、科学が人類に繁栄をもたらしてくれていることに異論のあるはずがない。それにもかかわらず、「実《じつ》に恐《おそ》ろしい」と言わねばならない彼らは、科学文明の底に横たわる本質的な矛盾が見えている。

確かに、科学の成功によって得られた豊かさは、人間が言葉をもつことの偉大さの象徴であろう。言葉の大きな力によって、人類は自分たちの生活をいかようにも変化させてきた。文明とは新たな生活様式の確立であり、継承であった。継承しながらも、また新たな様式を創出し続けた。人々はそれを人類の進歩とか偉大と呼んだ。と同時に、そこには言葉をもつことの不幸が不可分に介在していた。次から次へと創造される文明は、新たな生活の仕方を私たちに押しつける。「何処迄《どこまで》伴《つ》れて行《い》かれるか分《わか》らない」のである。生活の変化が当然となってしまうことによって、私たちの本当の生き方はどこにあるのか、あるいは真実（変わらないもの）とは何なのか、わからなくなってしまう。そのことが恐怖や不安を私たちにもたらしている。

このような現在の状況を、高史明は、デカルトやニーチェの思想から説明しようとしたりもする。[*8]真理が神に委ねられていた中世に訣別して、人間の理性に偉大な力を認め、理性に頼って生きて行こうとする人間の姿を描いた彼らに、その批判的で崇高な優れた精神を高史明は見る。その一方で、彼らの思索を超えるものとして漱石を位置づける。「超人」ではなく「愚者」に救いの道を捉える『行人』の兄は、理性とか真理を私たちが語ること自体を問いの中に置いている。[*9]高史明は、善悪を語ることができる人間の知恵そのものが問題とされていることに、漱石の優れた面を見ているのである。

また、高史明は自分のおいたちに触れ、知恵をもつことが、人を悲しみの中に引き入れることもあることを述べる。[*10]貧しさ、恥ずかしさ、苦しさを知ることが、少年時代の高史明を他者から引き離し孤独の中に閉じ込めたという。あるいは青年期の高史明が、差別と闘わなければならないと考えたとき、その知恵は確かに素晴らしい知恵だったのだけれども、そういう知恵を得た彼は、その立場から行動しようとする自分に同調しない人々を裁くような態度を取ったという。自分は正しいことをしているのだという知恵が、そうしない人々を攻撃してしまうようにさせてしまった。善をなそうとしながらも、自分が正しいと信じることによって人を裁くという悪をなしてしまったというわけだ。知恵にはそういう面がある。高史明はそれを的確に描く。あるいは、言葉の知恵を身につけた子どもには、赤ん坊の笑いがもうまねのできないものとなっていることも、指摘される（註8と同書、二六一頁、二六三頁）。また、人間の成長に伴って、自覚的な意識のもとに形づくられる人間関係は、幼年期や少年期のそれとは明らかに異なっており、高史明の表現にならって、後者を「本能の知恵」によるものとするならば、前者は「言葉の知恵」によってもたらされるものである。そして、成長した個人は言葉の知恵に頼って生きていくしかないのである。[*11]

摂食行為や生殖行為というような生物にとってこれほどまでに本能的な行為についてさえも、他の動物たちと異なって、人間においては欲望の対象として自立している。

何をどのように食べたいと思うかについても、そこには高史明が指摘する「言葉の知恵」の支配がある。食べることに何の感謝の心も示さず、何が旨いとか、どこのどれをどのように調理するのが絶品であるとか、そういう本来特殊で個別な自分の嗜好を、あたかも普遍的な価値を充たしたものであるかのごとく解説しながら人前で食す映像を、電波にのせて各家庭に届けるようなものさえある。なんと醜いことだろう。生きることに不可欠な、他の生命を奪って食べるという行為は、本来神聖なものであったはずである。だからこそ、私たちの祖先は、感謝と祈りをもって食事に臨んだ。ところが、今日の私たちにおいては、そのことは一つの享楽（遊び）と呼ばれてもよいような行為になっている一面がある。[*12]

さらに、動物行動学者たちが報告するように、動物たちにとって、生殖行為は厳かな様々な儀式に伴われて粛々と行われている。[*13] 本能にプログラムされた範囲の中で行われる彼らのその行為には、残虐さも醜悪さも一切ない。しかし、人間はこれを欲望の対象とし、狂ったように快楽を追求することさえある。動物たちの目には、なんと醜く映っていることだろうか。これらは、私たちが頼って生きていくしかない人間の知恵＝言葉の知恵が、ただそれだけで素晴らしいというわけにはいかないことを明らかにしている。

(三) 言葉の知恵

こうして、高史明は言葉の知恵に批判のまなざしを向けながら、生死の問題に迫ってゆく。言葉の知恵は、「生をよりよく考えさせるものであるゆえに、死をも考えさせずにおかない」のであって、「この矛盾は、個人の生死を超え、地球の生死が心配されるほどの深まりを見せて」いるほどである（註8と同書、二六三頁）。人間にとって、この知恵の在り方が不可欠であるのなら、この問題をどのようにして乗り越えたらよいのか。高史明の根本的な問いである。

この点について、『行人』の兄の「生死を超越する」という言葉に問題解決の鍵が求められる（註8と同書、二六四頁、二七〇頁）。動物たちにおいては、個体としての死があるにしても、人間のように知恵の対象として死を意識することはない。自然界の秩序のもとに生命が次々と受け継がれている。そこに「観念のレベルを超越した真実」（註8と同書、二六五頁）があると、高史明は考える。もちろん観念とは言葉の知恵である。真実とは生命、自然、地球や宇宙の存在そのものである。私たち人間が言葉の知恵をもってこの世界のことを語ろうが語るまいが、それとは関係なく世界は存在の秩序にのっとって変化し続け、全体として生命の営みを展開する。言葉の力によって世界（自然）にはたらきかけ、世界（自然）を変革することをしない動物たちにとって、その生は世界（自然）に適応して生きることである。生命は享受され、生きるための糧は贈与される。食べるものと食べられるものとが生命のやり取りをしてつながりあい、それぞれの個は子孫を残す。生命をもつものたちが多様な連続性をもち、この世界をおりなしている。この営みの終わりにそれぞれの個に死が訪れる。これをおいてほかに、存在の真実はない。

　そのようななかで、「言葉の知恵」をもつ人間は、生死を対象化する。そこでは自分の生が有限であること、一回限りの生であることを認識せざるをえない[*14]。その生の厳粛さゆえに、逆に、そこから人間は偉大な精神を築いたと言えよう。哲学や文学において生き残ってきた古今東西の古典と呼ばれるものは、すべて人間の生死、その本質を真剣に問い求めたものである。それぞれの時代に生きた個々の人間が、すぐれて問い求めた結果、また彼らの人生にとって真実だと考えに考え抜いたことのみを言葉に凝縮したとき、それらの作品は時空を超えて、多くの人々にとって人生の真実として、生のお手本のようなものとして受け継がれ残されてきたのである。そこには、人間精神（あるいは理性、意志、心情）が優れた仕方であらわされている。このことは高史明も認める。[*15]

ところが、高史明はそこから一歩踏み込む。残り続けてきた作品にどれほど人間精神の崇高さが見えようとも、あるいはとめどない悲劇を語りながらもそれを悲劇として理解し世界を達観しようとする偉大さが語られていようとも、それを人間の無条件に優れた面とする考え方自体が問いなおされねばならないのではないか、それが高史明の卓越した見方なのである。「この素晴らしい人間精神から、いわゆる「万物の霊長」という観念が引き出されるとするなら、それに賛成することができません。」（註8と同書、二六五頁）。万物の霊長という観念は、人間を他の動物たちに対して何か偉い存在のように錯覚させてしまう。

高史明が指摘し、また動物行動学の成果が明らかにしているように、同種族間の殺し合いは動物たちにはない。[*16] 動物たちは、殺してはいけないということを、知るという形（言葉の知恵）では自覚していない。ところが殺してはいけないということを知っている（言葉の知恵としてもっている）人間世界では、殺人ということが起こる。思えば、人間の歴史は、戦争という大量殺戮の繰り返しによって彩られてきているといってもよいほどだ。そうならば、二〇世紀はその極みにあったと言ってよいだろうし、今世紀もテロリズムと戦争で始まった。

怒りや憎しみに任せて人を殺す、利害や思想信条の対立から相手を攻撃し殺傷し、そのようにしてもよいことを合理的に説明し正当化しようとする。すべては言葉の知恵なのだ。なるほど、言葉の知恵は人間の偉大さを形づくっている。しかし、同時にそれが、人間の残虐さと醜さを生み出している。このことが「生死を分裂させたところに成立している人間の知恵の本質」なのだと、高史明は言う。[*17] そして、人間は万物の霊長だという観念が、この本質を覆い隠している。

第三節　言葉をもつことの不幸を乗り越える

（一）生と死の統一

このように高史明の思索は、言葉の知恵に支えられた人間の生が決して無条件に素晴らしいものではないというところにまで深められる。言葉の知恵によって自らの生を導く人間によって、全ての生き物が人間に隷属化させられ、あらゆる存在が人間の欲望充足の道具や材料として扱われるようになった。*18 このように他の存在を人間に隷属化させ豊かさをひたすら享受することを言葉の知恵によって成し遂げた人間は、その結果大きな不幸を招く。自然破壊の深刻さは、ほとんどの人によって共通の認識となっている。自分たちの生命を育んでくれている自然を自分の手で損なっているのが現在の在り様である。その根底にある不幸を、言葉の知恵によって「すべてが人間優位に運ばれるがゆえに、人間から他のあらゆる存在と対話する道を失わせる」ことにあると、高史明は考える（註8と同書、二六七頁）。

このすぐれた洞察を、高史明は漱石の『行人』の兄を例にとって深めようとするが、これについては今は扱わない。ただ、この洞察の深さ、正しさは、私たちの生活のいたる所で確認されなければならない。子どもたちの社会に目を向ければ、他者との共生感の欠如として様々な問題を生んでいるし、環境破壊の恒常化は、人間以外のあらゆる存在との共生感を喪失している事実と対応している。[*19]

したがって、言葉の知恵を根本から問いなおすことが、どうしても求められるのである。しかも、この世界を生きるすべての人に求められるのである。[*20] では、どのように問いなおすのか。言葉の知恵を克服する道は何に求められるのか。このことについて高史明は、自死を考えたことがあるという若者に向かって、超越（克服）の道は決して死の中にはないことを、どこまでも穏やかにかつ丁寧に語ってゆく。死もまた、言葉の知恵によって考えられたものであるのだから。

人間は自身が形づくった表象的世界（観念の世界、意味の世界）の中で、自分の死をもまた処理しなくてはならなくなった。ところが、今、現実に生きている人間は、現実にはない死をどうとらえてよいかわからない。そこに、現実存在から遊離した観念＝言葉の知恵に振り回されるということが起こり得る。あるいは、観念をつみあげて（小賢しい知恵を弄して）日々の暮らしの安寧をはかろうとする。これは、不幸なことである。

この不幸をどのようにして乗り越えるか。高史明は、親鸞の言葉を語る。言葉の知恵に生きる身とは、「罪悪深重」の身であるとすること。なるほど、人間は言葉の知恵を捨てて動物たちと同じ次元に生きることなど不可能である。言葉の知恵によって生きるしかない、これもまた人間にとってどうしようもない真実である。あらゆる存在、あらゆる命との共生感、さらには自分の命まで見失っている私たち人間が、言葉の知恵によって生きるしかないとするならば、このことを偉大だとか、他の生き物に対してすぐれているとか見る見方（万物の霊長とみる見方）を翻して、「罪悪深重」の身と見ることこそが、自らを解放する道である。自分を「罪悪深重」の身と見ることによって、「分裂した生死を統一し、他のあらゆる存在と、あらためて生きたつながりを回復していることになる」のではないか（註8と同書、二七四頁）。

高史明は、ここに、言葉の知恵を乗り越える知があると考えている。言葉の知恵が人間にとってなくてはならないものになっている以上、それをどのように受け入れ、どう使うかが問題なのである。それを人間の特権と受け止めるなら、私たちは言葉をもつことの不幸を突き進むしかない。逆に、知恵を身につけるほど、その身を、無明を生きるものを「罪悪深重」と受け止めるなら、この世界との共生感を失うことなく、「大きな世界と一体」となれるというのである。

人間は、もはや文明を捨てては生き延びることのできない生物となっている。仮にそうすることができる者がいたとしても、ほんのわずかであろう。大量生産大量消費に促されて生きているいわゆる「文明国」の人々ほど、自然に適応して生きていく力は乏しい、と想像される。そうであるならば、言葉の知恵を捨てて生きることなど既に不可能となっている人間が、言葉の知恵とともに歩む生き方は、「罪悪深重」の身として生きてゆくしかない。このことが、『生きることの意味』を著した筆者が、わが子の死を通して学びなおしたことであった。

自分はこの点において他の誰某よりもすぐれているとか、人類は万物の霊長であるとかいったことは、全く問題にならない。そういったことは、すべて私たちの勝手な思い、空想にほかならない。私が何かを考えることができるとしても、それは、そのように考えることができるようにつくられているからできるのであって、私はそのような存在者として生命を与えられて生かされているということにほかならない。それなのに、考えるということを、何か自分の勝手になる力(所有物)であるかのように考えたり、自分はその能力において他に優っているなどと考えることは、どうしようもなく傲慢なことなのである。

私たちの誰ひとりとして、自分の能力を自分でつくったわけではない。自分の存在を自分の力で自分に与えることができた者など誰ひとりとしていないのと同様である。存在を一方的に与えられ、能力を一方的に与えられ、そのような者として私は存在している。与えられることを拒むことはできなかったし、もっと違った能力を与えてもらいたかったとか、別の時代や地域に生かしてほしかったなどという願いも無意味である。ただ、こうして生かされている自分を生きるしかない。そのように、一方的にすべてを与えられ、何ひとつとして自分でつくったわけではないのに、つまり、私はもともとのところにおいて全く無力であるのにもかかわらず、わずかばかりのことができると、そのできるということに感謝の気持ちをもつことを忘れてしまい、逆に誇ってしまう。

人間が生きるということは、誠に「罪悪深重」である。だからこそ、その身の拙さを徹底的に自覚して生きることが求められねばならない。鎌倉時代の先達はそう私たちに教えてくれている。わずかばかりの能力にたよろうとすることなど、何ともむなしいことなのである。あるいは、また、ここでは人の生死も問題ではなくなる。私の意志にかかわりなく与えられた生命は、私の意志にかかわりなく消えてゆく。自分の力で、人間の知恵によって、その生命をどうにかできる、どうにかしようとすること自体が傲慢なのである。

このように理解したとき、高史明が、子の死を通して学び得たものを、私たちも共有できるのではないかと思う。遺稿集『ぼくは12歳』に添えられた「悲しみの中から」という文章からは、子を失った両親の胸を締め付けられるような悲痛な思いが伝わってくる。子を生かすことができなかったという悲しみは、それを読む者を震えさせるほどに恐ろしく迫ってくる。そういう痛み、悲しみを抱えながら、なおかつ高史明が私に教えてくれることは、そういう思いすら言葉の知恵であって、自分がこうしておけば子の死を防ぐことができたのではなかったかと考えること自体が、自分を偉い者、強い者として立てることに他ならないということである。人間には、もともと人の生き死にを決定する力などない、生かす力などないのだという思いに到達したときに、生死の統一、生死の超越ということが可能になる。

（二）高史明に学ぶ

高史明は、真史氏のお墓に出かけて、小石たちのつぶやきを楽しむことがあるという。

「そのつぶやきの中には、百億年の呼吸が息づいています。私は、その呼吸に身をゆだねるとき、安らぎを覚えます。生死が頭に浮かびでることはありません。私は小石になります。小石になって、真史に言いかけます。どうだい気分は？　また、別れるときにも言います。また、な！……私はいったん小石になってから、そこから再び人間の世界に歩み出ることになります。ちょっと前まで自分自身であった小石の頭を踏んづけながら……。そのとき私の全身は深い悲しみにつつまれますが、同時に、万物がその悲しみを通して、非常に身近に感じられます。私はその鋭さをくわえる、深い悲しみの底で、この私にできる「他利」とは何かを考えます。」（註8と同書、二七六頁〜二七七頁）。

こうして、高史明は、すでに亡くなった子真史氏とともに生きている。そこでは生死は統一されている。真史氏を、そして自分を生み出してくれた大いなる生命とつながって、悠久の時を生きている。いずれ死すべきものである自分の生を、自然に受け取り、与えられた生命と与えられた能力をもって、自分には何ができるかを考える。そこには深い感謝の思いがある。
　このように書くと、高史明は宗教的境地に到達したのだとか、宗教的な悟りを生きているのであって、それはひとつの信仰の立場であるとする見方も出てくるのかもしれない。それは、信仰に縋《すが》るという独自の立場であって、そこにはすべての人に通ずる普遍性を見いだすわけにはいかないとする見方である。なるほど確かにここには、宗教的な範例となるような思考があるかもしれない。しかし、だからといって、宗教的立場に立つ高史明と、宗教を信じない自分は関係がないということにはならない。そこでは、存在についての深い理解が示されているのであって、そこには宗教だとか哲学だとかいう仕方で概念的に、いわばカテゴリックに理解することを超えた真実がある。[*21]
　そして、高史明が「やさしさの思想」をもう一度握りなおしたいと考える理由もここにある。自分にやさしい生き方、人にやさしい生き方、存在全体にやさしい生き方とは何か。それは、与えられた生命に感謝し、他の存在者との共生の感覚を取り戻し、慎ましく、謙虚に生きる生き方である。言葉の力にただただ驚嘆し、それによって生み出されてきた科学文明だけを絶対的な価値とすることから少し距離を置くことによって、人間が生きることのできるもうひとつの道ともうひとつの知を見いだすことができる。
　私は、この学びをさらに続けてゆきたいと思う。それは、言葉をもつことの不幸という反省に促されて、もうひとつの言葉の在り方を探究することである。もちろん、それは、本章で見たように、言葉の創造的な力を問いなおすことであったのだけれども、これに加えて、言葉に見いだされる豊かなはたらきをもう一度握りなおそうとするならば、どのように考えてゆけばよいのか、という問いに答えようとするものである。この学びを、次章「存在を肯定する思想」で続けたい。

註

1　高史明、『生きることの意味』、筑摩書房、一九七四年（ちくま文庫、一九八六年。引用の頁数は、すべてちくま文庫）。

2　朝鮮から日本への渡来者数の増加には、戦争が関係している。戦争の激化によって、多くの労働力が求められたからである。一九三一年満州事変（柳条湖事件）の年の朝鮮人の渡来者数は三〇万人を超え、その六年後（盧溝橋事件）には七三万五六八九人、一九四一年大東亜戦争（太平洋戦争）勃発の年には一四六万九二三〇人、一九四五年（降伏時）には二三六万五二六三人を数える。そのため、通常の募集では間に合わないため、朝鮮人を強制的に連行して、日本国内の労働に従事させた。彼らは、非常に低い賃金で雇用され、その生活はとても貧しかった。このように、貧しいままに暮らしてこなければならなかったことが、戦後、日本の支配から解放された時にも、帰国の道を取ることができなかった多くの人たちを生んだ。これが、多くの在日朝鮮人が存在する理由である。

3　高史明が、次のように続けるのも納得できるところである。「生きることの意味とは、それぞれの人が、それぞれ自分自身から出発して、世界と自分自身をよりよく理解していきながら、自分自身で発見していくものだったといってもいいでしょう。人の歩みがそのようなものであるとするなら、すべての人が、それぞれ自分だけの人生を歩みつづけていく姿とは、けっして人の一人ぼっちの姿をあらわしているものではなくて、一人ぼっちの自分をのりこえていく人間のさまざまな生き方をあらわしているものだといえます。／人がそれぞれ、その喜びや悲しみ、また苦しみをとおしてささえあげている人生こそは、人間のさまざまな生き方をあらわすものであり、すべての人が、まったく平等にささえあげているこのさまざまな生き方こそは、人間の無限の可能性をあらわすものだといえます。」（『生きることの意味』、一一頁〜一二頁。）

なお、繰り返される「一人ぽっちの自分」というフレーズについて、添える。高史明は人の生には必ず他者とのつながりが見いだされると言うが、同感だ。この頃よく使われる言葉に「アイデンティティ」というものがある。自己同一性とか自我同一性などと訳されることもあるようだが、その意味は、自分が自分であることの明確な意識がもたれていること、他から区別されているほかならない私が感じられていること、と理解されてよい。しかし、この感情は、私ひとりの中で生み出されるものではない。他者とのかかわりの中で生み出され醸成される。私が他者に差し向けるまなざしと言葉、そして態度。さらには、それらの根底にある心。それに呼応して、他者は態度をとる。そのようにして投げ返される態度をとおして、私は私のふるまいの意味を確かなものとしてとらえることができる。この関係性の中で、私は私である。私についての深い理解がなされるところには、最初から他者との関係性がある。他者との関係性が表現されないとしても、その関係性の存在が気づかれていないだけのことだ。

4　ここでの引用は、「悲しみの中から」と題された高史明自身が綴った文章の中からのものである。岡真史『〈新編〉ぼくは12歳』ちくま文庫所収、一八六頁。

5　高史明「悲しみの中から」、岡真史『〈新編〉ぼくは12歳』ちくま文庫所収、一八六頁、一九一頁、一九二頁。

6　高史明「悲しみの中から」、岡真史『〈新編〉ぼくは12歳』ちくま文庫所収、一九三頁。花崎皋平が的確に指摘したように、高史明のいう人間の根本的な不幸とは、「存在の忘却」のことである。花崎は、アイヌ文化を引き合いに出し、言葉が人間だけの独占物ではなかった世界を私たちに示してくれる。鳥の鳴く声、川の瀬音、木々のざわめき、熊が自分の領分をしるす爪印、すべてが言葉だった。言葉が生き物の生きる営みすべてにあるものとしてとらえられていた限りでは、人間の言葉も生命そのものである息とともに発せられる響きとして、万物の立てる響きと等しい次元にあり、交感の響きとして、他の声々と響き合っていた。そういう交感の世界では、人々は慎ましく、感謝と祈りの中に生きていたことを、花崎は教えてくれる。人間を他の生き物（存在）に対してまさったものとする態度はなかった。あらゆる存在と共生しているという感覚をもち、その連帯の絆はしっかりと保たれていた。ところが、人間だけを優位に置く思想は、その絆を断ち切り、存在を忘却させてしまったのである（花崎皋平『生きる場の哲学』岩波書店、一九八一年、三〇頁）。

7　夏目漱石『行人』からの引用。「人間《にんげん》の不安《ふあん》は科学《くわがく》の発展《はってん》から来《く》る。進《すゝ》んで止《とゞ》まることを知《し》らない科学《くわがく》は、かつて我々《われゝゝ》に止《とゞ》まることを許《ゆる》して呉《く》れたことがない。徒歩《とほ》から俥《くるま》、俥《くるま》から馬車《ばしや》、馬車《ばしや》から汽車《きしや》、汽車《きしや》から自動車《じどうしや》、それから航空船《かうくうせん》、それから飛行機《ひこうき》と、何処迄《どこまで》行《い》っても休《やす》ませて呉《く》れない。何処迄《どこまで》伴《つ》れて行《い》かれるか分《わ》らない。実《じつ》に恐《おそ》ろしい」漱石全集　第八巻、岩波書店、三九五頁〜三九六頁。

8　高史明の書簡、岡真史『〈新編〉ぼくは12歳』ちくま文庫所収、二五二頁〜二五三頁。

9　「この兄は、神なきあとの、虚偽と怠惰と醜悪なるものにみちた現実を見つめて、その肯定否定を言う前に、そこからさらに一歩踏み込んで、肯定否定が論議できる知恵、それが見える目を問題にしていると思えるのです。この兄は「超人」ではなく、「愚者」に救いの道を感じ取っています。」高史明の書簡、岡真史『〈新編〉ぼくは12歳』ちくま文庫所収、二五五頁。

10　「小学校の入学式の時です。母親に伴われた大勢の子供たちの中で、付き添ってくれる人もなく、たったひとり立っている自分の姿が意識されたとき、私はどんなに深い淋しさに襲われたことでしょう。その私は、入学式という晴れの日に父親の無骨な手で、いくつも継ぎがあてられたよれよれの服を着ていたのでした。私は、そのときはじめてわが身の貧しさを意識し、恥ずかしいと思いました。」高史明の書簡、岡真史『〈新編〉ぼくは12歳』ちくま文庫所収、二五八頁。また、本文でのこの段落の内容は、同書の二五八頁〜二六〇頁。

11　「いったん知恵をもってしまった人間は、もはや二度と子供の時に戻ることができないと言えます。赤ん坊は、本能の知恵で栄養をとります。しかし、ひとり立ちした人間は、いってみれば言葉に象徴される知恵で、栄養をとっています。その食欲は、もはや本能ではないと言えましょう。それは、本能的なものと思われている性欲についても同様です。」高史明の書簡、岡真史『〈新編〉ぼくは12歳』ちくま文庫所収、二六二頁。

12　おかげで動物たちは今、人間の食料である肉＝物体として扱われている。「いただきます」という言葉も、生き物たちの命をいただいて私が生きていることに感謝する言葉であったはずなのだが、その意味は忘れ去られつつある。したがってまた、私の命が多くの命によって支えられているということも自覚されることなく、日々の食事が営まれている。

13　竹内芳郎は、著書『文化の理論のために』（岩波書店、一二二頁）の中で、ある種の動物が一夫多妻や「ハーレム」を営むことについて、決して人間が想像するような淫蕩な性的享楽など介在することはなく、性行為選択の主導権はほとんどいつも雌の方にあり、ボスの地位の保全にも雌たちの承認が必要であることを、報告している。恐らくそこには、自分たちの種族や部族の存続のために強くて有能な個体が子孫として求められるという「合理性」がはたらいていると思われる。したがってまた、性行為を欲望の対象としない彼らにおいては、人間社会に見られる「強姦」などという忌わしい行為も見いだされないことも、報告されている。

14 「〝言葉の知恵〟によって生き始めた人間は、その瞬間から、たったひとりの死に向けて歩むことになります。」岡真史『〈新編〉ぼくは12歳』ちくま文庫所収、二六五頁。

15 「人間は、その生の条件がかくも厳しいものであったからこそ、偉大なる人間精神を築いてきました。Oさん、私は先人が築いてきた人間精神を、誠に素晴らしいと思います。」高史明の書簡、岡真史『〈新編〉ぼくは12歳』ちくま文庫所収、二六五頁。

16 竹内芳郎は、著書『文化の理論のために』（岩波書店、九頁〜一一頁）の中で、動物行動学の成果から学んだこととして、次のような報告をしている。異種間攻撃。この攻撃は、生きるための獲物への攻撃（摂食行動）に限定されていること、しかも、憎しみや怒りにまかせて残虐性を発揮するということはないこと。また、捕食は、厳密に必要限度内に抑制されているために、適度な「間引き」作用によって相手種の保存に大いに役立っていること。同種間攻撃。この攻撃が行われる理由として、「ナワバリ」の確定、集団内での順位の確定が考えられるが、それらはいずれも動物たちの生活の中では、争いを回避するために有効に働いていること、また闘争は優劣の決定という目的の範囲内に抑制されていて、目的を超えた残虐行為（相手を殺すことを目的として攻撃し続けること）はありえないこと、また、実際の流血闘争を回避して、攻撃を象徴行為にまで変貌させて無害化する儀式もよく発達していること、以上が明らかにされている。総じて、動物たちにおいて攻撃は最小限に抑制されており、「合理性」の枠内に秩序づけられていると言われてもよいことが、指摘されている。

17　高史明の書簡、岡真史『〈新編〉ぼくは12歳』ちくま文庫所収、二六六頁。「生死を分裂させているところに成立している人間の知恵の本質」という言葉は、これまでの本稿の考察に従えば、現実世界においてはひとつである生死が、表象的世界の中で分裂させられてしまったことを意味する。現実世界において、死は誕生とともにある。誕生から死への変化の過程が生の営みである。ここで変化ということに注目してほしい。運動も、光も、音も、一切が静止しているならば、つまり、いかなる変化もない場合にも、それらは在ると言えるだろうか。宇宙にとって永遠の静止の中にあっても、それでも存在を語ることができるだろうか。ひょっとするとできるかもしれない（それこそ、観念の世界での出来事だ）。しかし、語ることの意味はないだろう。存在は、個々の存在者の変化ひとつひとつを包摂して、全体としての変化の中に在る。個々の変化のひとつひとつの終点が死であり、その死は新たな誕生とその変化、すなわち生の中に取り込まれる。ところが、死という様態を表現する言葉の力によって、あたかも死という実体があるかのように考えられてしまう。表象的世界の中で営まれる言葉の知恵は、いともたやすく存在を観念に従属させてしまうのである。

18　高史明は、とりわけこの現象が近代以降に著しいことを指摘する。「すべての生き物が、次第に人間に隷属化されています。生き物ばかりか、あらゆる存在が、ただ人間の願望の充足に奉仕するよう強制されています。とりわけ、真理が、神の手から、人間の理性なるものに移されてからは、この事態の深化増大はいちじるしいものになっています。自然は、人間が開発という名のもとに進める事業によって、ずたずたにされました。この破壊は、今日では人間の生存そのものにさえ脅威を与えるようになっています。生態系の危険が論議されているのは、破壊がいかに深刻な事態にまで進んでいるかを示していると思います。」高史明の書簡、岡真史『〈新編〉ぼくは12歳』ちくま文庫所収、二六六頁。

19　いじめや自殺あるいは弱者に対するとめどない暴力、それらは、高史明がこの文章を書いた一九八五年にもまして、私たちの社会で多く起こっている。残念なことに、高史明が指摘してくれたことに大人たちが十分な反省を行うことができずにきたため、社会がより悪化の方向に進んでしまっているということになる。

20　「かつては、限られた賢人の課題であったものが、今日では、万人が自らの課題とせざるをえなくなっているのです。」高史明の書簡、岡真史『〈新編〉ぼくは12歳』ちくま文庫、二六九頁。

21　この点については、瀧澤克己が次のような正鵠を射た指摘をしてくれている。「もともといかなる宗教家も「信仰」や「直観」の名にかくれて実際に人間である自己の考えの外に出ることはできないし、他面いかなる哲学者も「思想の自由」や「前提なき思索」の翼にのって自己を絶対に越えたものの権威の外に、したがってまた過去の思想との繫がりの外に逃れ出ることはできない。いな、哲学に古典というもののあるかぎり、すべての哲学者は宗教家であり、宗教を信じるのは自分自身にほかならぬかぎり、あらゆる宗教家はすでに哲学者であるといってよい。ただ過去の権威と現在の思索といずれを主とするかによって、宗教と哲学と二つの現象形態が分れてくるにすぎない。」瀧澤克己「現代哲学の課題」、『瀧澤克己著作集』（法藏館）第5巻所収、一六九頁～一七〇頁。

第四章　存在を肯定する思想

第一節　『怒りの葡萄』が問いかけるもの

（一）不正に対する怒り

二〇世紀アメリカの作家ジョン・スタインベック（John Steinbeck 一九〇二年〜一九六八年）に、『怒りの葡萄』The Grapes of Wrath という作品がある。猛烈な干ばつとそれに続く砂あらし、[*1] そして、農業機械の導入という産業構造の変化によって土地を追われたジョード一家は、[*2] 求人広告を頼りにカリフォルニアに移住しようとする。家財道具を積み込み、一二人もの人を乗せた古いトラックで二〇〇〇マイルの行程を旅する姿は、まさしく難民のそれである。

苦労して緑あふれるカリフォルニアにたどり着くが、しかし、そこは、楽園ではなかった。既に、そこには、ジョード家同様に土地を追われた農民二五万人が各地から集まっていた。労働力は過剰になり、賃金は農場主あるいは資本家の意のままに切り下げられる。なかには良心的な農場主もいるが、農場の経営に影響力をもつ銀行や会社組織の意見には逆らうことができない。生活を守るために労働者が団結して交渉しようとすると、指導者とみなされる人々は暴力によって排除され、場合によっては殺害され、人々への弾圧が強められる。農民たちは、空腹の子どもたちに満足な食事を与えることもできず、疲労と絶望の淵に追いやられる。

飢餓におおわれた農民たちの悲惨な姿を描いたスタインベックのこの作品は、アメリカ社会に対する強い憤りを伴った抗議の文学として成立している。この作品を読む者の心の中に芽生えるのは、理不尽な社会に対する疑問であり、怒りである。資本家たちの「摘発されない犯罪」、農民たちの「泣くことでは表現できない悲しみ」が、ここにある（註1と同書、下巻、二一九頁）。飢えた者を前にして、価格を維持するために処分される余剰の作物、栄養失調によって子どもを失う親たちの姿。*3

スタインベックは、抑圧された者の姿を痛々しいまでに描くが、だからといって、人間を善と悪に二分化して考えているわけではない。なるほど、資本家、地主の代理人、農場主、彼らに雇われているトラクターの運転手、警官、彼らは権力側に与する者として描かれ、その対極に日々の暮らしが成り行くよう仕事を求めて流浪する人々がいて、この人たちは、権力をもたず、また欲することもない。

しかし、その一方で、貧しく困難な状況にあるがために、そこから脱しようとして、自分たちと同じ立場に身を置いている人たちを陥れようとする態度をとる人たちのことを描くことも、忘れられていない。被抑圧者が、被抑圧者をつくろうとする構造、どこの社会でも耳にする話だ。移住民たち自身によって自主的に管理されている国営キャンプ場において、彼らの存在を好ましく思わない者たちによってキャンプの人々を排除しようという策略がおこされる。キャンプ場での騒乱を鎮めるという名目によって、警官という権力がキャンプ場内に入ろうとする計画が実行されようとする時、その権力側の手先となって騒乱を起こそうとするのは、実は、移住民と同じ立場にある者たちなのだ。わずかばかりのお金のために、仲間を裏切ろうとするのも抑圧された者たちなのである（註1と同書、下巻、二〇一頁〜二一二頁）。

資本家によって迫害され、意のままに使われる農民たちの心にも怒りは芽生えた。しかし、その怒りが実を結ぶ前に、彼らの心は絶望にうちひしがれる。かわって、その怒りが実を結ぶのは、読者の心においてである。スタインベックは、作品を通して、人々の心に「怒りの葡萄」を実らせる。

（二）不幸な社会

この作品に強い社会性を与えているものとして、ジョード家の物語りとは独立して叙述される社会状況の描写がある。大久保康雄が指摘するように、この作品には、独自の構成が施されており、全三〇章からなる構成のうちストーリーの展開の叙述は、もっぱら偶数章にゆだねられ、奇数章においては、物語りの筋とは独立に、この作品の背景をなす社会的条件、あるいはこの作品を必然ならしめている自然的、地理的諸条件が、極度に圧縮された形で一般化されて語られている（大久保康雄による解説、註1と同書、下巻、四三八頁〜四三九頁）。このことによって、作品には強い社会性が与えられている。また、この描写が作品にしっかりとした枠組みを与えてくれているおかげで、ジョード家の人物の行動および彼らを取り巻く人々の行動が、その時代及びその社会の中で、そのようにならざるを得なかったという必然的理由が、よく理解される。

農民たちへ団結を呼びかけ、農民たちの生活を守ろうとするジョン・ケーシーを撲殺する警官（権力）、それを見てケーシーを殺す者に対して思わず手を上げてしまうトム・ジョード。そして、そのために家族の許を離れなければならなくなるトム・ジョードの怒りと無念。トムの怒りに象徴される理不尽さに対する怒りは、作品全体を通して、読者の心の中に「怒りの葡萄」となって実を結ぶ。

仕事を求めて流浪する農民たち、彼らはたまたま自然災害に遭遇し、また、折からの機械化によって土地を追われた。彼らに落ち度があって、そのような境遇に陥ったわけではない。なるほど産業構造の変化に素早く対応しなかったということが、彼らの落ち度だと言われるかもしれない。しかし、心穏やかな人々が従来からの農業を続けようとしていたからといって、それを落ち度だと言うことは、あまりに非情であろう。このように考えるからこそ、私たちは、流浪する農民たちが飢えと絶望に打ちひしがれ、権力の側から差別され、非人間的な扱いを受けることに、怒りを覚える。

この怒りはどこから来るのだろうか。もちろん、それは不正、不義に対するものであり、弱者を抑圧する不正、不義が平気で行われることを目の前にした者の当然の感情であろう。ではその不正、不義とは、どうしてそのように言えるのか。確かに、それは、強い者に翻弄され、社会的に抑圧された状況に身を置かざるを得ない弱者への共感であろう。だが、他方で、抑圧者の立場に在る者たちに道理はないのか。

二〇世紀初頭、貧しさからの脱却を目指して、人々は努力した。資本主義経済は、市場の原理を尊重し、よりよい商品がより多くの人々の手に届くように安価に供給することができるように努めた。そのことによってもたらされた快適さゆえに、その原理は、人々に受け入れられた。そして、その原理は農産物をも例外としなかった。それによって農業のあり方も大きな変更(機械化)を余儀なくされた。「トラクターに乗った人間ひとりで十二家族あるいは十四家族分の仕事ができるんだ。」(註1と同書、上巻、六〇頁〜六一頁)。産業構造の変革が訪れたとき、社会は余剰の労働力を受け入れる場所を準備していなかった。このことが、流浪せざるをえない農民を生み出したのであれば、困窮の原因ないし責任は行政の失策もしくは不備に求められることになり、決して一部の資本家あるいは権力者が責めを負うべきではないだろう。資本家や権力者たちも貧しさの克服のために、努力をしていたのだと考えられるからである。

それにもかかわらず、スタインベックの『怒りの葡萄』を読む者は、強い憤りを覚える。それは社会のメカニズムが貧民や難民をつくり出したのだとしても、その中で貧民や難民を差別し抑圧する者の姿が描かれているからである。強者の側に与するもの（資本家、農場主、トラクターの運転手、警察官、これに一般市民を加えてもよい）は、自分たちが勤勉に働いていることを疑わない。その一方で、働かない者、実は働きたくてもチャンスに恵まれないため働くことができずにいる者なのだが、彼らを差別する。あたかも働く能力がなく、働く意欲にも乏しい者として、自分たちよりも劣った者として、差別し、さらに抑圧する。この差別や抑圧に対して、私たちはそれを不正、不義ととらえ、これに怒りを覚える。

善意の人がいて、働く意欲をもっているのに、仕事を与えられずに、与えられたとしても、不当に安い賃金（家族を養って行けないような賃金）で雇われ、資本家の都合でいつでも解雇される。それは社会的には不公正である。しかしながら、それならばなぜ、流浪する農民たちを差別する人たちが存在するのだろうか。もし、罪のない農民たちが差別されることを不正だとして社会がとらえているのであれば、そのような差別は存在しないはずである。不正と知って、その不正を推し進めようとする社会はあり得ない。しかし、社会はその農民たちを「オーキー」と蔑称する。[*4]権力に与するもの、資本家、警官、それに加えて一般住人たち（おそらく彼らの多くもまた農民である）までもが、件《くだん》の農民たちを排除しようとする。

このような差別や抑圧は、私たちの社会の中でこれまで行われてきたことだし、今なお行われていると言われてもよい。[*5]今の日本には、「ホームレス」と呼ばれる人々がいる。彼らは、様々な事情から、たまたまチャンスに恵まれず、帰る家を失い、路上で生活をしている。スタインベックが作品を世に送り出してから半世紀以上もの時が流れているのに、同じ状況を今見ることができる。もちろん、規模は異なる。しかし、同じ精神状況があると思われる。これが問題なのだ。

なぜ彼らは差別されねばならないのか。もし、差別する側に自分の誤りや過ちが自覚されているのならば、これを正す努力はなされ、この差別は既に解消されているはずだ。しかし、依然としてその差別が残っているのであれば、その差別を形づくるなにがしかの仕組みが私たち自身及び私たちの社会の中にあるからではないかと考えられる。今、差別されている人々が、そうではない立場に身を置けば、進んで差別する側にまわるような構造、しかも、自分が差別をしているなどとは毫も思わず、正当な判断や主張をしていると考えるように人々を促す構造、これを明らかにしなければならない。このことを考えていくために、次に、『新約聖書』の中に手懸りを求めてみたい。*6

第二節　合理性に支えられた論理

（一）公正さの論理

『マタイによる福音書』第二〇章に登場する葡萄園の主人は、『怒りの葡萄』の農場主に雇われた手配師（徹底的に労働者を抑圧する）とは対照的に、誠に親切に労働者に接し、約束通りの報酬を支払おうとする。ところがそれに不平をいうのが労働者なのだ。まず、その部分を見てみよう。*7

第二〇章　[1]天国は、ある家の主人が、ぶどう園に労働者を雇うために、夜が明けると同時に、出かけて行くようなものである。[2]彼は労働者たちと、一日一デナリの約束をして、彼らをぶどう園に送った。[3]それから九時ごろに出て行って、他の人々が市場で何もせずに立っているのを見た。[4]そして、その人たちに言った、「あなたがたも、ぶどう園に行きなさい。相当な賃銀を払うから」。[5]そこで、彼らは出かけて行った。主人はまた、十二時ごろと三時ごろとに出て行って、同じようにした。[6]五時ごろまた出て行くとまだ、立っている人々を見たので、彼らに言った、「なぜ、何もしないで、一日中ここに立っていたのか」。[7]彼らが「だ

れもわたしたちを雇ってくれませんから」と答えたので、その人々に言った、「あなたがたも、
ぶどう園に行きなさい」。8さて、夕方になって、ぶどう園の主人は管理人に言った、「労働
者たちを呼びなさい。そして、最後にきた人々からはじめて順々に最初にきた人々にわたる
ように、賃銀を払ってやりなさい」。9そこで、五時ごろに雇われた人々がきて、それぞれ
一デナリずつもらった。10ところが、最初の人々がきて、もっと多くもらえるだろうと思っ
ていたのに、彼らも一デナリずつもらっただけであった。11もらったとき、家の主人にむかっ
て不平をもらして12言った、「この最後の者たちは一時間しか働かなかったのに、あなたは
一日じゅう、労苦と暑さを辛抱したわたしたちと同じ扱いをなさいました」。13そこで彼はそ
のひとりに答えて言った、「友よ、わたしはあなたに対して不正をしてはいない。あなたは
わたしと一デナリの約束をしたではないか。14自分の賃銀をもらって行きなさい。わたしは、
この最後の者にもあなたと同様に払ってやりたいのだ。15自分の物を自分がしたいようにす
るのは、当りまえではないか。それともわたしが気前よくしているのでねたましく思うのか」。
16このように、あとの者は先になり、先の者はあとになるであろう。[*8]

登場人物は、葡萄園の主人と労働者である。そして、労働者は五つのグループに分けられる。夜明けに葡萄園の主人に雇われて働いたグループを便宜的に朝六時から働いたこととしよう。そ

うすると次のように整理される。

労働者のグループ	労働時間		報酬
第一グループ	午前六時〜午後六時	一二時間	一デナリ
第二グループ	午前九時〜午後六時	九時間	一デナリ
第三グループ	正　午〜午後六時	六時間	一デナリ
第四グループ	午後三時〜午後六時	三時間	一デナリ
第五グループ	午後五時〜午後六時	一時間	一デナリ

夕方になって賃金が支払われる。最後に雇われた第五グループから始めて、第四グループ、第三グループ…の順番で支払われた。第五グループは、一時間の労働に対して一デナリの報酬を得た。すると、第一グループの面々は、当然というべきか、第五グループの人々が受け取った報酬（一デナリ）よりも多く報酬を得ることができると期待した。一時間しか働かなかった者に一デナリの報酬を与えるこの葡萄園の主人はその気前の良さから考えて、一二時間働いた自分たちには、きっと、もっと多くの報酬を与えてくれることだろう。なにしろ、自分たちは、一日中暑さの中で労苦に耐えたのだから。一時間の報酬に対して一二倍とはいわないまでも、少なくとも

数倍、せめて二倍はもらって当然だと考え、彼らは期待に胸を膨らませて支払いの順番を待った。ところが、実際に報酬を受け取るときになると、その額が、第五グループの額と同じ一デナリであることに、驚き、愕然とする。なんと理不尽な。

第一グループの労働者の異議申し立ては、今日の私たちにもとてもよくわかるし、むしろ積極的に受け入れられるべきものではないか、とさえ思う。労働とその報酬については、当然そこに合理的な関係がある。あるいは、あってしかるべきである。一二時間の労働をした者と一時間の労働しかしなかった者とでは、当然、報酬に違いがあってよい。むしろ、一二時間の労働をした者には、そうでない者に比べて優ったそれ相応の報酬が与えられなければならない。そうしないことは、不公平である。人が行った労働に対して相応の報酬が支払われないことは、その労働者にとっては不公平でありかつ不当であり、支払いの義務を負う農場主においては不正であり、そのような状態を許容する社会は不公正な社会だということになるだろう。したがって、第一グループの労働者の主張（主人に対する不平）は、公平、公正という観点からは、まことに常識的で、妥当なものだといえよう。

（二）価値の秩序

それでは、葡萄園の主人は、第一グループの労働者の訴えを聞いて、自分の誤りを認め、その労働者たちに詫び、かつ訂正した報酬を彼らに支払っただろうか。そうはしなかった。それどころか主人は、怒って、その労働者たちを追い払った。主人の言い分はこうである。自分は不正をしてはいない。最初に一日の労働の代価として一デナリを支払うと約束した。そして、約束通り一デナリの報酬を支払っている。なるほど、主人の言い分も、もっともだ。

しかし、この主人の齟齬のない答え方にもかかわらず、第一グループの労働者も私も、何かすっきりしない。その理由を考えてみると、主人の態度がどうしても不公平に見えて仕方がないということにあると思われる。一時間しか働かなかった者と、一二時間働いた者とが同じ報酬とは。そして、一二時間働いた者も、一時間しか働かなかった者の一二倍の報酬を要求しているわけでもない。一二時間の労働をそれ相応に評価し、その評価が労働者に伝わるような仕方で報酬が支払われるならば、納得できるはずだ。自分の労働の報いとしてそれ相応の評価が自分に与えられていることに納得することができれば、それで満足することができるはずである。しかし、自分の努力が全く評価されなかったとすれば、やはりそこには、正当な評価を求める異議申し立てがあってしかるべきであろう。

ところで、一応このように言ってはみたが、第一グループの労働者同様、私には、当然のこととして暗黙のうちに了承されている前提があったのである。労働＝努力の評価が報酬として金額に換算されること。勤勉であることは、稼ぎが多いことを意味すること。それでは、「より多くの労働をした者には、より多くの報酬が与えられる」という論理は、いったいどこからやってきたのか。

私はあたかもそのことを当然のごとく受け入れており、いたるところで至当な前提として適用している。確かに、このことは、人の社会の当然の理屈として私を含めた多くの人々の意識に定着しており、このことに反するような事態に遭遇すると、即座にそのような事態を不正、不義として糾弾してしまうほどである。いちいち考える暇《いとま》もなく、私たち人間の自然感情といってもよいほどにまで意識の中に定着している理屈であるが、それが理屈である限り、その根拠を尋ねなくてはならない。なぜなら、それを人間の自然本性であるがゆえに正しいとするのならば、いかなる欲望も自然本性であるがゆえに正しいとされ、暴力も、攻撃もすべて合理化されてしまうからである。

そもそも、自然本性とか自然感情とかいう概念は、ただ直截に人間に適用されてはならない。他の動物たちとは異なって、本能のプログラムに従って生きてゆくという在り方をすでに逸脱して生きている人間に、それらの概念を一義的に当てはめることはできないからだ。この点については、表象的世界＝意味の世界に生きる人間として、これまで述べてきたことを想いだしてほしい（特に、本書「第二章　死を問いの中に置く」の註11参照）。

この点における人間の特徴を、動物世界との対比において確認しておこう。動物の世界では、生存競争、弱肉強食が合理的であることは、食物連鎖による生命界の秩序やバランスが維持されているとすることから説明されている。肉食獣が草食獣を捕食することについても、そこには、生き残るために生死をかけた営みが粛々として展開されているにほかならない。

よく知られたことであるが、自分を襲うことのないライオン（しっかりと食べているがゆえに、他の獣を襲う必要がない）が近づいても、シマウマは決して逃げ出さない。同じ場所に並んで水を飲んでいる。捕食される草食獣にとって襲われることは紛れもなく生命の危機にさらされることだが、襲うもの（肉食獣）にとっても狩りは命がけの行為である。うまく捕獲できなければ、それだけ自分の体力を無駄に消耗することになり、生存への適応性を失う（減少させる）ことになる。また、必死で逃げようとするものの反撃にあって自分の体がダメージ（例えば骨折）を受ければ、今後の狩りが不利になり、このことは自分の生存を脅かすことになる。そこには、厳しい適者生存のルールがある。

また、肉食獣が草食獣を襲って食べるシーンを見て、それを残酷だなどと私たちが言う場合には、動物社会には見られない意味世界の次元がある。そこには、強いものが弱いものを犠牲にすることを「よし」としない意味の秩序が敷かれている。善悪、美醜、正・不正といった価値秩序の世界、そういう意味の世界を人間は生きている。そして、様々な解釈や道徳的な感情をそこに見いだすのが、私たち人間である。そこで、強いものが弱いものを捕食することを、惨酷だなどと表現する。
ところが、動物たちには、そのような意味の世界がない。生命の営みを粛々として織り成すだけである。したがって、強いものが弱いものを犠牲にすること、すなわち、捕食して相手の生命を奪うことも、あるいは、自分より弱い肉食獣が苦労して手に入れようとしている獲物を横取りすることも、生命界の秩序の中で粛々として営まれているものであって、そこには弱い者をいじめているということもなければ、弱者による異議申し立てもない。そこにあるのはやはり、適者生存の厳しいルールだけであり、これが動物世界の合理性をつくっている。この合理性のもとに動物たちは生存の歴史を刻んでいるのであって、私たち人間が考えるような意味や価値の文脈はない。*9

表象的世界についての考察が明らかにするように、意味や価値は人々の生活の中で形づくられてきたものである。意味や価値の秩序を形成した人間は、そのような秩序がひとたび社会の中に定着すれば、これに支えられ、守られて、生きるようになる。そのような秩序に従って生きてゆくことが文化的な生であり、動物とは異なった人間に相応しい生であると受け止められる。その意味では、文化的であることが人間の自然なのである。自然本性という概念は、人間と動物とでは全く異なった内容をなしている。したがって、人間が営む文化の中で、あることを正しいとすれば、なぜそれが正しいのか、意味や価値の秩序の中に位置づけ、そのことの意味をそのたびごとに握りなおさなければならない。それが、人間が人間として生きてゆくための必要条件なのである。それゆえ、葡萄園の主人と労働者の話も、労働の価値とその報酬の妥当性をめぐる問題として、意味を問われなければならない。

確かに、どのような労働（仕事）においても、勤勉であることがより多くの財（富）を生み出した。私たちの生きている社会では、「より多く労働した者にはより多くの報酬が与えられる」ということは、社会秩序を維持する条件のひとつとも言えるほどに、社会を支える根源的な論理になっている。しかし、この論理はいったいどこから来るのか。

農業生産物が財として蓄積され、管理され始めた時、労働の代価もまた合理的に管理されることになった。それはちょうど近代において、科学と結びついた技術が大胆に自然に切り込み、そこから豊かさを引き出した時、科学が技術の価値の秩序に巻き込まれ、それによって、人間もまた価値の秩序に身を置かなければならなくなったように、そのように、財（農産物）の生産において、その生産に携わる人々は、はやくも価値の秩序に身を置かざるを得なくなっていた。

(三)　もうひとつの次元

農耕、牧畜、手工業、それらは、人々の生活に有用なものを生みだす技術である。そのような技術には、価値の序列がある。より優れた技術、それほどでもない技術。ここでは、価値を生みだす技術に携わる人々は、その労働を通じて、価値の秩序に巻き込まれてしまう。そして、そこでは、労働の価値は報酬の額によって計られる。「より多く労働した者には、より多くの報酬が与えられてしかるべきである」という労働者の論理と、「より多く労働した者（農場主の財をよりおおく増やした者）に、より多くの報酬を与える」という農場主の論理とは、ともに、財を産み出す労働を価値の秩序に置くところに成り立っている。

そして、そのような生産体制（制度）が社会に定着したとき、労働とその報酬についての合理的な認識は、人々の間に行き渡った。より多くの労働をした者は、自分の労働に見合ったそれだけ多くの報酬を手に入れることができるということを、今では誰も疑わない。[*10] 場合によっては、逆の方向から考えて、報酬の少ない仕事は価値の劣った仕事であるかのように見なされたり、また、稼ぎの少ない人は能力において劣った人のように見なされたりすることもある。

しかし、考えてもみてほしい。そもそも労働の徳は、報酬の多い少ないで決められるようなものではないはずだ。勤勉であること自体が有徳である。勤労の意欲をもって一二時間働くことが有徳であり、一二時間の労働に耐える能力をもっていることが有徳である。もしその人が一時間の労働に耐える能力しか授かっていなかったとしても、それがその人の人生。労働の意欲が一時間しか維持できなかったとしても、それもその人の人生。今、意欲をもつことができないでいるからといって、その人の人生を否定することは、あってはならないのではないか。

もちろん能力と意欲を兼ね備えていれば、それは望ましい。人々の羨望の的となる徳を備えた者として、高い評価が与えられることだろう。高い能力と意欲を授かった者が、その能力を発揮して生きる。そのこと自体が有徳であり、そのような能力と意欲、そして徳を与えられた者は、そういう自分に感謝して生きるというもうひとつの世界が、ありはしないだろうか。

葡萄園の主人の一見不可解に見える言動を理解する鍵が、ここにあるように思われる。確かに葡萄園の主人は、第一グループの労働者たちの不平を尤もなことだと考える社会常識を無視する。あるいは、そういうことにとらわれない生き方をする。一二時間働いた第一グループとは、一日一デナリの約束をした。報酬として、約束通り一デナリを支払った。そして、一時間しか働かなかった第五グループの者にも、一デナリを支払った。「この最後の者（第五グループの人たち）にもあなた（第一グループの人たち）と同様に払ってやりたい」と思い、そのようにした。「自分のものを自分がしたいようにして、いったいどこが悪いのだ」と第一グループの労働者に対して、怒りをあらわにさえする。

葡萄園の主人には、労働の価値を報酬の額で計ろうとする労働者の姿が見えていた。主人の怒りは、これに対して発せられたものである。本来無条件に自分に与えられた能力や意欲に感謝することもなく、あたかも自分のつくり出した能力であるかのごとく、それを誇り、さらには、その能力を報酬の額で計ろうとする。主人の言葉は、これを挫く。この労働者にとって当然のこと思われる主張は、実は、労働とその報酬について人間がつくった価値（という観念）の世界、価値の秩序に則った論理に支えられてはじめて成立する。労働者たちは、そのような論理に支えられて生き、自分を価値の高い者として置き、逆に他者を価値において劣った者とする。しかも、そのことに全く気づいていない。[*11]

葡萄園の主人の言葉は、そのような生き方を断固として拒む。「自分の賃金（最初の約束）をもらって、さっさと行くがよい。」そしてもうひとつ。「目を覚ませ。」労働者に主人の怒りの意味が理解できたかどうか、それは分からない。しかし、主人は労働者にそのことに気づくようにと、問いを投げかける。「それとも私が気前よくしているので、ねたましく思うのか。」と。

荒井献によれば、当時の日雇い労働者一日分の平均給与に当たる一デナリ（＝一セラ）は穀物四セアの通常の値段であり、これによってバケツ一杯ほどの穀物を購入することができた。[*12]一日一デナリの収入とは、恐らくは、一家族が一日を暮らすことができる糧を得ることができる額だと解されてよいであろう。それならば、葡萄園の主人の主張は、いかなるグループに属する労働者に対しても、彼らがその家族とともに生きることを肯定したものである、と考えることができる。一二時間働く能力がある者にも、一時間しか働く能力がない者にも、あるいはたとえ意欲がなくて一時間しか働こうとしなかった者に対してさえも、等しく生きることを肯定する。彼らの存在をそっくり肯定する。これが葡萄園の主人の主張なのである。

　このように理解されたとき、この譬え話はきわめて現代的な意味を帯びているのが分かる。能力がある者もない者も、意欲がある者も今どうしても意欲をもつことができないでいる者も、等しく生きることが肯定されるのである。

第三節　存在を肯定する言葉

(一) 福祉の原理

身体や精神に障がいを伴って生まれた者も、あるいは人生の途上で伴うことになった者も、そして偶然に健常に生まれつき、今もその状態がたまたま続いている者も、等しく生きることが認められねばならない。健常に生まれた者が、障がいを伴った者を助けて、共に生きることができる社会を形づくること、これを私たちは正しいと考えた。葡萄園の主人の主張は、今の私たちの生き方を根本において支えてくれている。

ここに、スタインベック『怒りの葡萄』と『マタイによる福音書』葡萄園の主人と労働者の譬え話をつなぐ、意味の世界が開かれる。公正・不公正という言葉の使われ方、その概念が異なった仕方で機能していることに気づくことによって、それらは見事に一致した主張をなしていることが分かる。

確かに、『怒りの葡萄』では、流浪する貧困農民を差別し貶めることが不正、不義とされ、それを許容するような社会は不公正な社会とされた。しかし、その不正、不義、不公正の根源は、人々の存在を否定するような思考や態度がそこにあるために、不正、不義、不公正として糾弾されたのである。

一方、葡萄園の主人と労働者のエピソードでは、人よりもより多くの労働をしたことによって、自分の労働の価値を確信し、そしてそれゆえに、労働者としての自分の価値をとらえずにはいられない者が、価値の秩序に基づく公正さの原理に訴えて、相応の報酬が自分に与えられることを主張する。恐らくはその勤勉な労働者は自分では意識しなかったかもしれないが、結果として、自分をより有能な者として少しでも高い位置に置こうとしたわけだ。そして、その行為の結果、自分ほどには労働に与らなかった者に対して、その人たちを自分よりも劣った者として低い位置に置こうとすることになる。

社会的な弱者や被差別者をつくり出そうとする構造は、このようなところにある。社会的な公正を拠り所（手段）として、もっと大きな不正＝人間を価値の秩序に置き、低いところに位置づけられた人を価値において劣った人間とし、そのような人間の存在をないがしろにしようとすることに、葡萄園の主人は否と断言する。

スタインベック『怒りの葡萄』と『マタイによる福音書』の葡萄園の主人において共に語られることは、もはや明らかである。人間存在の肯定、それはどんな小賢しい論理によっても侵されてはならない。それは、あらゆる論理に優先されてよいのだ。そして、それが人間社会の誇りであり、人間が人間であることの徴なのである。

人間は、長い年月かけて、この思想をあたためてきたことによって、福祉社会の実現を理想とすることができた。たまたま自由に走ることができる能力を与えられた者が、足の不自由な人を助けて一緒に生きる。このようなことが可能な社会を望ましい社会とし、そのような社会の一員として生きることを幸福だと考えた。これを人類の理想としたところに、福祉社会は成立する。けっしてこの灯は消してはならない。

(二) 存在を肯定する言葉

今から二千年前、恐らくはその社会において資本家(大土地所有者)と小農民(小作農)との分離が進み、社会の一部の支配者層(権力者)に属する人々が大多数の民衆を支配し抑圧する状況が出現した時、価値の秩序に支えられた生産性の論理、合理性の論理、効率性の論理等と呼ばれてよいものの見方、考え方、「より多く働いた者には、より多くの報酬が与えられる、あるいはそのようにあるべきである」は、すべての人々の心に宿り、人々の心を支配した。あたかも、そのような論理に従うことが人間として当然であるかのごとくに。あるいはそのように意識されないほどにまで、人々の意識の底に定着し、そのことに抵触するような事態が生じるとすれば、そのような事態を不正だととらえ、それを改めるような態度をとるように、人々を促した。それほどにまで、それらの論理は、人々の心の中に、あるいは社会の中に、はやくも根づいていた。あたかも、それらの論理に抵触するような事態を容認することは、人間として正しく生きることに反するかのごとくに。逆に、そのような論理に従って行動することこそが、人間として正しい生き方であるかのように、考えられていた。

そのような生き方に対して、葡萄園の主人は否という。それらの論理の根源を問いなおし、それらの論理がいかほどのものであるのかを、共に考えるよう人々を促す。それは、人間として生きること、この世界に人間として存在することの意味は、どのように考えられるべきなのか、と問うことであった。この問いとの関係において、それらの論理に支えられて生きることを再び問いの中に置く。葡萄園の主人の言葉は、様々な論理に縋《すが》って生きようとする私たちの小賢しい知恵を打ち砕く。あらゆる論理に先立って、人間の存在は肯定されてよいのだ、と。

論理には力がある。それが、意味や価値の秩序を形づくるからだ。しかし、それらの意味や価値の秩序が、現実の生活で人々を抑圧しているならば、あらためて人間は、その観念が表している意味や価値の秩序を問いなおさなければならない。それらは、もともと人間がつくった表象的世界の中での出来事なのだから。そうだから、それらをつくりなおすことは可能だし、また、そうしなければならない。

しかし、ひとたびつくられたその世界は、伝統となって、その後を生きる者を束縛する。表象的世界という意味の世界を生きる人間にとって、観念には、相応の実在性《リアリティ》があるからだ。むしろ、人間とは、その実在性の世界を生きているからだ、と言ったほうが適切であろう。しかし、それでも、この力に抵抗しなければならないことがある。そのような力が、もし人々を差別したり抑圧したりすることがあるのならば、それらの観念（意味や価値を表す論理）が生みだされる以前に遡って、言い換えれば、それらに優先して、人間の存在は肯定されてよいし、肯定されなければならないのである。

(三) 命の授与

「神様がたった一度だけ／この腕を動かして下さったとしたら／母の肩をたたかせてもらおう[*13]」

星野富弘の詩である。中学校の体育教師として在職中、模範演技の際の事故によって、首から下位の部分の自由を失う。壮健な身体に恵まれ、鍛えられたその身体に無限の可能性を宿しているかのように思われていた矢先のことである。自分の身体を鍛え、優れた運動能力を身につける。それは自分の努力によって身についたものになると、彼は考えていたはずだ。自分の力だと。しかし、事故の後、首から下の一切の運動能力を失ってしまった。どんなに意欲しても、指一本をも動かせない。食事も排泄も、すべて人の手助けなくしてはできない。恐らくは自分の不幸を恨むことさえもあったはずだ。

ずいぶんと長い間失意の中にあり、苦しんだ彼は、自分の誤解を悟ることによって、新たな人生を迎えることになる。苛酷な状況に置かれることによって、彼は、新たに本当の事実＝真実、に気づく。

今まで、自分のものだと思っていたこと、自分の力だと思っていたこと、できて当然だと思っていたこと、それらはすべて、今ではできなくなった自分の目から見れば、奇跡のようなものだ。それらは、実は、自分のもち物ではなく、無条件に自分に与えられたものなのである。身体を鍛えるのは自分の意欲だが、そういう意欲や鍛えれば強くなる身体は、私がつくったものではなく、私に与えられているものなのである。あるいは、学問を志す。努力して何かを理解することができるようになるのは、自分の力だと思っていた。しかし、それもまた誤りなのだ。努力すること、何らかの意欲をもつことも与えられた力（意欲できるという力）だし、努力することによって理解できるようになること（理解力、知性）も与えられたものなのである。

私たちは顔の形（姿形）が異なるように、能力も様々に異なっている。それらは個性の異なりである。たまたま多くを与えられた者が、それを活用して、たまたま少なくしか与えられていない者を助けて、一緒に生きる。そういう社会の実現を私たちは望ましいものとした。助けられる者はそのことに感謝し、助ける者はそういうことができることに感謝する。強い者が弱い者を犠牲にする社会に代わって、穏やかさと優しさにあふれた社会がここにはある。

しかし、私たちはついつい、強者の論理に従って生きてしまいがちである。それほどまでにこの論理は私たちの生活の中に浸透している。だから、本当は無力な者（弱者）であるこの私が、少しばかりの自分の力に頼って、自分の下にさらなる弱者をつくり出そうとしたりする。被抑圧者は、その意識まで抑圧され、さらなる被抑圧者をつくる方向に赴く。それは、少しでも有能な者として自分をとらえたいとする人間の（おそらくは）無意識的な動きである。そして、そこにはやはり、本人には意識されることのないままに、人々を衝き動かしている強者の論理がある。

恐らくは、「優生思想」もこのような意識の在り方、自他の間に壁を設け、少しでも自分の価値を明らかにしようとする心の動きから出てくるものだと考えられる。「優生思想」とは、身体的にも精神的にも優れた者からなる社会はすばらしい、あるいは進化した社会であるとして評価する考え方であり、それを科学的に実現するための研究が、「優生学」としてゴルトン（Francis Galton,1822-1911）らによって提唱され、一九世紀末から二〇世紀にかけて各国の研究者によって学問研究の対象にされた。

今日、学問としての「優生学」は、批判され、斥けられたように思われているが、しかし、ここに含まれている考え方がなくなったわけではないようだ。そこでは、人の心を魅了する「よさ」が、今もなおなくなっていないようだ。優れた者として生きる「よさ」、優れた者からなる社会の「よさ」の実現ということには、人の心をひきつける力がある。
　そうであるならば、このような意識の在り方、心の動き、欲望から解放されるための思索を重ねることが、現代の課題だということになる。この学びを、次章（最終章）で試みたいと思う。

註

1　「朝になると土埃は霧のように漂い、太陽は爛熟《らんじゅく》した新しい血のように赤かった。一日じゅう、ふるいにでも掛けられたように、土埃が空から降った。そして、つぎの日も降りつづいた。それは、なだらかな毛布のように地上をおおった。玉蜀黍の上にもつもり、柵の杭の頂きにつもり、柵の針金につもった。屋根に降りしき、雑草や木々をおおった。」スタインベック『怒りの葡萄』、大久保康雄訳、新潮社文庫、上巻、八頁。

2　立ち退きを迫られた小作農がトラクターの運転手に語りかける場面が描かれている。「しかし、おめえがもらう一日三ドルのために、十五も二十もの家族が、まるっきり食えねえことになるだぞ。ほとんど百人近くの人間が、おめえの一日三ドルのために、立ちのきをくらって路頭に迷わなきゃならねえのだぞ。そいつはあまり結構なことじゃあるめえが？」／すると運転手はいう。「そんなことは考えちゃいられねえよ。自分の餓鬼のことを考えなきゃならねえもの。一日三ドル、それが毎日はいってくるんだ。時勢が変わりかけているんだぜ。おめえにゃ、わからねえのかい。土地で暮らしていくには、二千とか、五千とか一万エーカーという土地とトラクターを一台もっていなくちゃならねえんだ。耕地はもう、おれたちのような貧乏人のためのものじゃねえんだ。」註1と同書、上巻、六九頁。

3　「検屍官《けんしかん》は、死亡証明書に、こう書きこむに違いない――栄養失調による死亡――。それというのも食糧を腐らせねばならないからだ。むりにでも腐らせねばならないからだ。／人々は網をもって河岸へ馬鈴薯をすくいにくる。すると番人がそれをさえぎる。人々は山と捨てられたオレンジを拾いに、がたつく車でやってくる。しかし、それには石油がまかれている。人々はじっとたたずんで、馬鈴薯が流れていくのを見まもる。穴の中で殺される豚どもの叫びをきき、その穴に生石灰をかぶせられる音をきく。腐ってくずれていくオレンジの山を見まもる。そして人々の目には失望の色があり、飢えた人たちの目には湧きあがる怒りの色がある。人々の魂のなかには怒りの葡萄が実りはじめ、それがしだいに大きくなっていく――収穫のときを待ちつつ、それはしだいに大きくなっていく。」註1と同書、下巻、二一九頁～二二〇頁。

4　オクラホマ出身の流浪民に対する蔑称が、同国民から「オーキー」として浴びせられる。

5　外国人労働者、期間労働者に対する不当な差別の問題等、ルポルタージュの手法によって現代社会の問題点を衝いた鎌田慧の仕事（著書多数）は、参考になる。

6　スタインベックの『怒りの葡萄』は聖書からインスピレーションを得たものが多くあるように思われる。まず、題名からして、『ヨハネの黙示録』（『新約聖書』）からとられたものである（『ヨハネの黙示録』第一四章一九節〜二〇節）。葡萄はイエス＝キリストが十字架刑に処せられた時の血の象徴として教会の聖餐式（カトリック）で用いられる他、実りと収穫の象徴でもあり、神のあふれるばかりの恵みと正義を表す果物として、教会の説教台にも彫刻される。しかし、『ヨハネの黙示録』では、神の心に沿わない者たちへの神の怒りの象徴として葡萄が描かれる。偶像を礼拝する者たちに対して神の怒りが臨み、その者たちは、「神の激しい怒りのぶどう酒を飲み、聖なる御使たちと小羊との前で、火と硫黄で苦しめられる」（同、第一四章一〇節　日本聖書協会訳）。既にしっかりと熟した葡萄の実を前にして、「御使はそのかまを地に投げ入れて、地のぶどうを刈り集め、神の激しい怒りの大きな酒ぶねに投げ込んだ。そして、その酒ぶねが都の外で踏まれた。すると、血が酒ぶねから流れ出て、馬のくつわにとどくほどになり、千六百丁にわたって広がった。」（同、第一四章一九節〜二〇節）のである。このように、豊かに実った葡萄は、豊かさの象徴ではなく、神に背いて不義を行う者に対する神の怒りの象徴でもある。したがって、それは、神から愛された「心貧しき者」（「心貧しき者」とは、心に邪念のない者、欲望に充たされることのない心素朴な者、それゆえに自らを誇らず、神を畏れる者のことである）、すなわち、資本家や権力者からさげすまれ抑圧される心優しき者たちに対して、自らの力を驕り、過信し、それゆえに神を畏れず、現世の財力や権力を我がものとする仕方で人が振舞うとき、その者に臨む神の怒りの象徴として捉えることができるであろう。

7　引用した部分は、第一九章第二八節「よく聞いておくがよい。」で始まるイエスの譬え話の第二〇章第一節から第一六節までである。第一九章は、第三〇節「しかし、多くの先の者はあとになり、あとの者は先になるであろう。」で終わり、これに続いて、第二〇章が始まる。

8　『マタイによる福音書』第二〇章　日本聖書協会訳。なお、新共同訳『新約聖書注解I』（日本基督教団出版局、一九九二年、一二三頁〜一二四頁）は、この譬え話について次のような注解を記している。「《後にいる者が先になり……》（引用文では『あとの者は先になり……』）というモティーフは、たとえの中で賃金の支払いが逆の順番になる点に反映しているが（八節）、しかしこれは明らかにたとえの主張点ではない。朝から働いた労働者は、先に支払いを受けても同じ不平を言い得るからである。したがって著者はたとえに不適当な結びを付したことになるが、これは彼が伝承を救済史的に解釈したためと思われる。おそらく著者は朝から働いた者をユダヤ教徒、夕方に来た労働者を異邦人と解し、後者の方が先に天の国に入るという思想（それはマタイの教会が直面している問題でもあった、なお二一・三二参照）の寓喩化と受け取ったのであろう。／前後のかこみのロギオンを外して、たとえをそれ自体から理解するなら、そのポイントは、神は人間の作業量（業績）によって人間を評価するのではないということであろう。朝早くから一日中働いた者も夕方に来て僅かしか働かなかった者も同じに扱うというのは、常識的に見れば全く不公平と言わねばならないが、まさに神のこの「不公平」によってイエスはファリサイ派的応報思想を克服する。夕方来た者が一デナリオン（引用文ではデナリ）を支払われるのは、彼がせっせと能率よく働いたとか仕事がうまかったとかの理由によるのではない。それは働く側の理由によるのでなく、全く支払う者の自由において決められる（一五節）。神の報酬は人間の行為によって左右されるのではない。ここがイエスとファリサイ派との基本的な相違点であり、彼らがイエスにつまずいたところであった。彼らは報酬を自分の稼ぎと考えるが（一四節、《自分の分》）、実はそれは主人からの賜物なのである。同様のテーマを扱ったラビのたとえと比較すると、イエスの独自性が一層明らかになろう。それはラビ・ブン・バル・ヒア（紀元三二五年頃死去）の偉業をたたえる物語で、おおよそ次のようである。「それは多くの労働者を雇った王のようなものだ。そのうちの一人は非常によく働いた。そこで王は彼を連れて散歩に出かけた。夕方になって労働者たちが皆集まって支払いを受けるとき、王は彼にも全日分を支払ってやった。他の労働者は不平を言った。私たちは一日中働いたのに、この男は二時間しか働かなかった。だのに王様は彼に私たちと同じに全額を支払った、と。王は彼らに言った、この男は二時間でおまえたちが一日中働くよりももっと働いたのだ。そのように、ラビ・ブン・バル・ヒアは律法の研究において有能な学者が百年かかってもできないことを二八年でやった」。

この注解において、ファリサイ派が報酬を自分の稼ぎと考えたことに対し、イエスはそれを主人（神）からの賜物と考えたという点に、私は同意できる。そして、「賜物」として人に与えられる「報酬」を通して、この世界で「報酬」を生みだす個人の能力、素質、そして、もともとの生命（存在）までもが、実は「賜物」であることを、本章で述べようとした。

9　自然界に生きる動物たちが表象的世界＝意味の世界をもたないことから、ある行動が人間にとっては理不尽に思われるとしても、動物たちにとっては決してそうではないことが、言える。この点について、松永澄夫は、次のような興味深い考察を与えてくれている。ハイエナとライオンについて、私たちの普段の認識では、死んだ動物の肉や腐りかけの肉をあさるのがハイエナなのだが、本当は、ハイエナは二、三頭のグループでヌーを、また、もっと大きな群れをつくってシマウマを襲い、苦労を伴う狩をもし、逆に、ハイエナを追い払って、殺された獲物を奪い取ることもあるのがライオンの方だということである。この事例を通して、松永は、動物にとって、食べ物はその時そのつど与えられた自然の恵みであり、過去の来歴は問題にならないことを指摘し、さらに続けて、人間においては、過去が過去たる資格で効力をもって現在を支配していることへと、論を展開してゆく（松永澄夫『言葉の力』東信堂、二〇〇五年、二九頁〜三〇頁）。

松永のこの考察から、次のように学ぶことができる。ハイエナに攻撃されて動けなくなったヌーに遭遇したライオンは、体力を使い尽くしたハイエナを追い払って、そのヌーを自分の食糧にする。体力に勝るライオンは、ハイエナを蹴散らして、もう一歩のところで手中に収めることができていたはずのヌーをハイエナから横取りする。ここで、「横取りする」と言ったが、それは、私たち人間の文脈（表象的世界）の中で事柄をとらえようとしているから、そのように表現されるのである。そこに事柄の経緯をとらえ、いわば個別者それぞれの生の歴史をとらえ、その意味をとらえているから、ライオンの行為は不当な「横取り」とされる。しかし、動物たちにはそういう文脈、意味づけはない。目の前に存在している現実の対象について、知覚された限りにおいて、それに基づく運動（行動）を粛々と実行してゆく。ライオンにとって、ハイエナの攻撃によって動けなくなったヌーも、崖から落ちて足を挫いて動けなくなったヌーも、いささかも異ならない。

現実過程の中で、ライオンに認識（知覚）されているのは、自分の攻撃対象として好都合のヌーがいるということだけである。それだけのことなのであって、そのヌーがどのような経緯でそのような状態となって自分の目の前に存在するのかなどというようなこと、そういう意味づけがおこなわれる表象的世界は存在しない。したがって、ライオンには自分が卑劣なことをして他者の獲物を横取りしようとしているなどという認識はない。生存のために現実過程の中で自分により有利な仕方でかつ怜悧に事を運ぶだけである。傷を負ったヌーを襲うことは、ハンティングにおいて自分がダメージを負わないためには、実に有利なことであり、動物世界の秩序の中では、まことに合理的なことなのである。一方のハイエナも、自分の生命を危険にさらしてまでもライオンと闘うことはしない。生存のためにより安全に確実に手に入る獲物を他に求める。そこには、異議申し立てなどない。動物たちには、それぞれの個体の歴史的な生（個体がどのように行動し、獲物を手に入れようとしてきたかの経緯、いわば時間軸に沿ったそれぞれの生の意味づけ）をとらえる表象的世界がないからだ。

逆に、狡猾や不正を糾弾するのは、それぞれの個人の生を表象的世界の中で意味づける人間特有の行為なのである。自分が努力して育てたり狩猟したりして手に入れようとしている作物や獲物を横取りされた人間は、腕力によって取り戻すこともあるかもしれない（それはもちろん自分が相手に対して圧倒的に有利な腕力をもっていると判断している場合に限られるだろう）が、通常、不正をはたらいた相手に社会的制裁を加えたうえで、自分の損失を補償してもらう手段をとるだろう。権利や不正といった意味（秩序）が確立している世界＝表象的世界に住む人間は、その中で事柄を処理し、現実の世界の中で利益を得ようとする。

10　ヨーロッパの文化に現れる「所有」の概念については、レヴィナスに次のような分析が見られる。「ヨーロッパ的存在l'existence européenneは、偽りの欲望に本物の欲望を置き換える。アジア的知恵からやってくるこだまとは逆にヨーロッパ的存在は、欲望を満足させることで、欲望を克服する。（中略）どんなに矛盾し、どんなに破綻していようとも、贅沢な生活のほうが、結局は悲惨な零落よりも価値がある。自由な人間の幸福のためには最小限の物質的財が必要だとアリストテレスは考えたのだが、ここでは、自由な人間と満足した人間とが同一視されている。マルクスよりもずっと前から、西欧の道徳思想は物質主義であり、現実主義であった。」（Emmanuel Lévinas, Noms propres, Livre de poche, FATA MORGANA（Librairie Générale Française）,133-134, 1976）「ヨーロッパ的人間がずっと愛してやまなかった所有権のうちには、欠乏を単純に充たそうとすることとの関連において、独自な傾向がある。なにをおいてもまず欲望されるもの、それは、所有されたものではない。そうではなくて、ものl'objetの所有である。それゆえ、生はその諸欲求の充足のみを望むものではない。欲望の目的は移り行き、ものを所有することが、ものを享受することよりも重要となり、富は富のために愛され、強欲と吝嗇が可能になり、貨幣が好まれる。貨幣において、世界への私の帰属と私への世界の帰属とが渾然一体をなしている。貨幣は、私の手に握られた所有物であり、私はそれを隠すことができる。」（同書、134-135）。

11　『諸国民の時に』には、フランソワーズ・アルマンゴーFrançoise Armengaudの問いに答えてレヴィナスが語る対談が収められている。「ユダヤ教哲学をめぐって」と題されたその対談の中で、レヴィナスは次のように語っている。「知だけが意味を有していると考えると、知は危険なものになります。それは、語ることによって、私たちは他者に語っているのだということを、忘れることです。述べられていることの合理性は既に対話によってこれまで形づくられてきた意味や意味の近さに支えられていることを、忘れることです。知の論理的形式——結局は、どんな哲学もそこで語られるのですが——それこそが意味のあるものの究極的な構造だと、考えてしまうのです。」(Emmanuel Lévinas, À l'heure des nations, Les éditions de minuit, 206, 1988)。「私はパスカルの《自我とは憎むべきものである》という言葉を考えています。この言葉は、上品な流儀や礼節を教えるものではありません。そうではなくて、世界の主人であろうとする者の廃棄、自足的な実体ないし主体として身を置く者の廃棄を、教えてくれるのです。パスカルの別の思索によると、たとえ、《日の当たる場所》という——外見からも知恵からも——かくも《合法的な》仕方でその名の下に身を置く自我が問題となっているとしても、その時《世界の簒奪》がすでに始まっているのです。」(同書 、212-213)

私には、これこれの力がある、このようなことをする能力をもちかつ努力してそれをなした。そういう力と努力は認められるべきものである、というように自分をとらえた時、自らを有能な者として置くことが既に始まっている。レヴィナスによれば、これが「世界の簒奪」の始まりなのである。

12　荒井献『イエスとその時代』岩波新書、一九七四年、三七頁。

13　星野富弘『四季抄　風の旅』立風書房、一九九〇年、四〇頁。

第五章　「分ける」思想と対峙する

第一節　日本のハンセン病問題

(一) 療養施設

二〇世紀の初めから終わりまで、日本では、ハンセン病を患った人たちは強制的に療養施設に隔離収容された。患者をひとり残らず収容することが徹底されたため、巷間《こうかん》にはハンセン病患者の姿は見られなくなった。そして、時間が経つと、健康者の社会に属する一般の人たちは、ハンセン病および患者の存在を知らなくなる。普段の生活の中で、ハンセン病患者と出会うことがないのだから、当然だ。[*1]

そこで、ハンセン病について、最も初歩的な知識を記しておこう。

ハンセン病は、らい菌を原因とする感染症である。島比呂志(註1参照)が記すところに助けられてハンセン病の特徴を見ると、次のようになる(島比呂志「片居からの解放」『片居からの解放(増補版)』社会評論社、一九九六年、一二三頁〜一二四頁)。

らい菌は、私たちの身体の比較的低温部を好んで寄生し、そこに病巣をつくる。つまり、顔や手足といった人目につきやすい部分が侵される。皮膚に結節(病巣)ができ、潰瘍となり、膿が流れ出す。また、末梢神経が侵されるから、痛みの知覚がなくなる。それによって、手や足に受けた些細な傷がその部位の大きな損傷（神経の麻痺によって傷を受けても気づくのが遅くなり、雑菌の感染によって骨まで侵食されて指を失うこともあれば、足のわずかな傷がもとで膝下から足を切断せざるを得なくなることもある。）をもたらす。また、眼球に生じた結節のため激痛に襲われて、眼球摘出を余儀なくされることもある。このように、らい菌自体は致命的な毒性をもたないものの、結果として、身体上に大きな変形をもたらす。これらは、ハンセン病が治癒した後も、後遺症として残り続ける。こうした外見上の特徴から、古来、ハンセン病には偏見がつきまとった。

ハンセン病が感染症であることがよくわからなかった時代、「天刑病」とか「業病」などと呼ばれ、「血筋」の病気、遺伝病として忌み嫌われ、その病気を病んだ人のみならず、病人を出した家族まで、差別の対象となった。そこで、家族に病人が出ると、その人を家から追い出すなどということも起こった。生活の場を失った人たちは、神社仏閣の庇《ひさし》を借りて住み、そこを訪れる人たちの喜捨《きしゃ》に縋《すが》って生きる、つまりは、乞食によって命を繋ぐことになる。

浮浪する患者の悲惨な姿を目に留め、彼らに救いの手を差し伸べたのは、外国人の宣教師たちであった。例えば、ハンナ・リデルの場合、一八九三年、宣教のため熊本に滞在した彼女は、五高（熊本大学）の教員たちと訪れた本妙寺の庇に住まいを借りて暮らすハンセン病患者の悲惨な暮らしを知ることによって、救護の手を差しのべねばならないという使命感を抱いたと言われている。[*2] しかし、リデルが設立した回春病院はすぐに経営上の危機に見舞われ、この問題を解決するために日本の政財界に病院への援助を要請することになる。これを受けて外国人のイニシアティヴの下に運営される療養施設ではなく——外国人の慈善にすがるのではなく——日本独自の施設をつくろうとする動きが起き、一九〇九年、全国五カ所に公立療養所（全生病院、北部保養院、外島保養院、大島療養所、九州療養所）が開設される。[*3] これが日本におけるハンセン病患者療養施設設置の発端である。

（二）収容から隔離へ

家族から捨てられ、社会の底辺で悲惨な生活を余儀なくされた人たちを、外国人の篤志家《とくし》たちが心に留め、行動を起こす。これに導かれて、日本の政府も対応を余儀なくされる。遅れをとった対応とはいえ、少なくともそこには患者への福祉があったと考えられる。

ところが、時間の経過とともに、また、いくつかの法整備に伴われて、事情が変わって行く。[*4] すべてのハンセン病患者を収容する、しかも、本人の意に反してまでも収容し、一般社会から隔離する。この時、強制的な隔離が行われる理由としてあげられたことは、ハンセン病は強い感染力をもつ伝染病であるというものである。国民をこの感染症から守らなければならない。そして、そのためには、患者を一般社会から遠ざけること、隔離することが必要であると説かれた。

このようにして、患者の福祉から国民（健康者）の福祉へと、大きく舵が切られたことになる。健康者の福祉のためには、ハンセン病患者の人たちがその自由を拘束されてもやむを得ないという判断である。しかし、らい菌が強い感染力をもつものではないということは、当時の国際的な会議の場において周知されており、日本国内の中にも、開放治療（通院治療）で十分に成果をあげることができることを主張し、かつ実践した医師もいた。[*5]

では、らい菌が感染力の弱い菌であることを偽り、ハンセン病を強い感染力をもつ病気とし、患者の徹底した隔離に向けて突き進んだ理由は、何であったのか。それを戦時下（一九三〇年代からの日中戦争に始まるアジア太平洋戦争）におけるファシズムとそのもとに台頭した優生思想にあるとする研究がある。[*6] 確かに、強制的な隔離がその執拗さを増して行く過程と、戦争が拡大激化して行く過程は、一致している。長期的な戦争に備えて、強い軍隊をつくる、強く健康な国民をつくるという国策は、本格化する。そこでは、国民の体力を弱める病気、国民の質を低める障がいは排除すべきだという考え方も、顕著になる。精神障がい、結核、ハンセン病は、その対象とされた。そのようにして、戦時下の優生思想がハンセン病患者の強制的な隔離を助長したと説明することができる。[*7]

優生思想については、およそこのような理解に留まってはならないが、しかし、ここで優生思想をこのように理解しておくことには意味がある。それは、この思想には健康者の社会を守るよさがあると考えられていたことを、教えてくれるからである。では、そのよさとは誰にとってのよさか。そのように考えたとき、強制隔離を主導した医師や為政者にとってだけのよさではないことが分かる。国民を感染症から守るというよさは、国民ひとりひとりにとってのよさである。このよさを人々が受け入れたからこそ、強制隔離は現実のものとなった。では、このよさは人々にどのように受け入れられたのか、これを次に見ておこう。

(三) 危険から遠ざかろうとする私

外見上の異形を呈することから、ハンセン病は偏見を伴い、その偏見ゆえに差別がもたらされ、浮浪するハンセン病患者を生むことになる。しかし、そのような差別があったにしても、外国人の篤志家のように、患者に救済の手を差し伸べようとする人たちが、日本にもいたはずだ。また、目立った働きかけをしなかったとしても、やさしい心で接した住民たちもいたことだろう。事実、遍路姿で放浪する患者に喜捨を施した人たちがいた。差別がある一方で、それを正しくないことだと考えた人たちもきっといた。

しかしながら、このような善意の人たちの動きを封じることが起こる。それは、ハンセン病が危険な伝染病だとされることである。強い感染力をもつ菌によって引き起こされる病気だということになると、事情が違ってくる。自分と家族を守るためには患者に接してはならない。そして、強烈な伝染病だと喧伝され、さらに政府が主導して患者の隔離を行うということになると、患者に近づかないことは、正しい行為だということになる。

患者は感染源とみなされ、そのような害毒を振りまく恐れのある人たちは、一刻も早く施設に収容してもらわなくては困る。かつて憐憫《れんびん》の情をもって患者に接していた人々の意識も、そのように変わってしまう。危険から遠ざかりたいと思う感情、気持ち、それは誰にもある。まして自分に大切な家族がいれば、家族を守るためにもそのようにあらねばならないとして、その感情、気持ちは合理的[*8]な根拠を得ることになる。

そして、公衆衛生を担当していた当時の警察が、隔離施設に入所するよう患者を説得し、説得に応じない者に対しては、その人たちを強制的に連行して行く姿があり、加えて、保険所によるその後の徹底した消毒作業がなされると、人々はハンセン病に対する恐怖心をいやがうえにも持たざるを得なくなる。そして、この恐怖心が差別を助長する。人々は、自分たちとは別の世界に生きる者として患者をとらえることになる。隔離とはそのような意識を人々の心に形づくる。このような意味で、隔離が差別をつくり、これを助長したと言うことができる。

ハンセン病患者を根絶しようという無癩《らい》県運動（註４参照）によって、ひそかに家庭に留まろうとする患者をひとり残らず摘発し、施設に収容しようという動き（患者のあぶり出し）がなされたとき、進んでそのことに協力したのが一般住民たちであったことも、このように考えると納得できる。危険から遠ざかりたいという気持ちに加えて、政府の指示は、人々にとって権威あるものである。そして、その指示が自分たちの身を守るためのものであれば、それを批判的にとらえることは、多くの人にとって難しい。

住民たちは、危険な人々（患者）を隔離するという政府の政策に協力して、隠れ住む患者の存在を警察に通報したが、そのことに罪悪感をもつことはなかった。なるほど、憐憫の情は抱いたかもしれない。しかし、そのような感情にほだされることは誤りであり、そのような感情を抑えて患者の隔離に協力することが正しい行為であると、住民たちは考えたはずだ。国民（自分とその家族を含めた健康人の社会）を感染から守るには患者の隔離は必要だという理由が、その正しさを根拠づけたからである。ここでは、人（ハンセン病を病む人）を斥《しりぞ》ける私（住人）は、患者の隔離を正当なものだとする合理性を生きている。

第二節　使命感に生きる

(一) 患者救済の意志

人は、合理性に支えられて、よさ（自分や家族を感染症から守ること）のために他者を裁いたり、斥けたりすることがある。合理性には、正と負の両面がある。このような合理性の正負両面を体現して生きた人物として、光田健輔の軌跡をたどってみたい。日本のハンセン病の歴史に名を刻む彼の努力が、その両面の切り離し難さを示すと同時に、その切り離し難さが人間存在の実際をなしていると考えられるからである。

光田は、ハンセン病患者に対する隔離の必要性を説き、これを主導した人物として、今日、批判的にとらえられることが多い。しかし、一方では、若くしてハンセン病患者の治療を志し、これを一生涯貫いた人でもある。彼の中には、患者救済の意志は確かなものとしてあり続けた。光田は、自分の半生を綴った『愛生園日記』の中で、度々ハンセン病の人たちに寄せる思いを述べつつ、その悲惨な状況を描いている。例えば、ハンセン病の症状が悪化したために、家畜でも飼うような小屋に棄てられた少年のこと（光田健輔『愛生園日記』毎日新聞社、一九五八年、八四頁）、墓場に集まって住む患者の中に、化膿した皮膚にハエがたかりウジ虫が這い回るにまかせたまま、あたかも死を待つだけのように見える者のいたこと（同書、一八五頁）等。

このような悲惨な状況に置かれた患者を救おうとする意志が、光田にはあった。その意志に促されてとった光田の努力が、ひとつは、患者の治療に励むことであり、もうひとつは、患者救済のための収容施設の設立に向けて政府を説得することであった。前節で見たように、浮浪することになってしまったハンセン病患者は、家族から見捨てられた人たちであり、そうなることの原因には偏見があった。それゆえ、その偏見を正さなくてはならないということになる。しかし、医師としての光田から見れば、その努力に先立って、今、ここに苦しんでいるハンセン病患者を救済することが必要であり、その人たちを収容する施設がなくてはならなかった。そのための政府の施策を促す努力をするということは、ごく自然な発想であり、この考え方は『愛生園日記』全体に貫かれている。

したがって、浮浪するハンセン病患者の収容のみならず、家庭に潜むハンセン病患者の収容へとその対象を広げて行く場合にも、光田の意識の中では、それは患者救済へ向けられた努力としてとらえられた。その意味では、光田には、患者の人たちの傍らにあり、その人たちの傍らでその人たちのために努力している自分を疑ういささかの理由もなかったであろう。実際、どれほど自分が患者のために努力してきたかという思いが、『愛生園日記』の随所に出てくる。そして、このようなことが、光田の目から見た都合のよい解釈ではないことは、ハンセン病を発病した親から引き離され、親族に引き取られた後、捨てられ、そこを養母に救われたものの、今度は本人が発病したため、周囲の力によってその養母からも引き離され、ひとり悲惨さの極みにあった児童を保護してくれたのが、療養所の職員（看護師）であったという証言等からも明らかである。*9

（二）ハンナ・リデルと光田健輔

見られたように（第一節（二））、ハンセン病患者の多くは、差別を受けていた。住まいにも食事にもこと欠いた。ハンナ・リデルは、その人たちの傍らに身を置いた。ハンセン病患者を世間の冷たい仕打ちから守るためには、患者が安心して暮らせる施設をつくり、これに患者を収容することが必要だと考え、それを実行した。衣食住を保障し、患者の健康の回復を図った。それならば、患者を収容する隔離政策を提唱し実行した光田もリデルと同じように患者を守ったと言えるのではないだろうか。

しかし、両者には決定的な違いがある。リデルは、患者の隔離はしなかった。患者の自由を奪うことはしなかった。患者を癒すことに向けられたそのまなざしは、患者と共に在る者のそれであった。これに対して、光田は、強制隔離を主導した。退所規定のない療養所に患者を入所させ、そこで患者が一生を送ることを前提として振る舞った。既に述べたように（第一節（二））、隔離が行われなければならない理由として、ハンセン病は強烈な伝染病であり、国民をこの病気から守るためには、感染源となる（原因菌であるらい菌を排出する）患者は、社会から隔離せざるをえないと説明された。この考え方は、戦後、効果的な薬によってハンセン病が治癒する病気になった後も、強く保たれる。[*10]

しかし、同所で指摘しておいたように、らい菌が感染力の弱い菌であることは、国際的会議の場で周知されていた。それを光田が知らないはずはない。もちろん、だからといって、そのことを光田が認めていたかどうかは別だ。国際会議の場では感染力が弱いとされていたとしても、一医師の見解として、光田はらい菌の感染力は強いと考えていたと想定することは、可能である。しかし、らい菌は弱い感染力しか持たずハンセン病を発症する人にはその体質上の特徴があるとする説をとる小笠原登とともに、患者の多発地帯を調査研究して行く光田には、ハンセン病に免疫の弱い体質は遺伝するという認識もあった。そして、この認識は多くの医学者の認めるところであった（藤野豊『ハンセン病問題と戦後民主主義　なぜ隔離は強化されたのか』岩波書店、二〇〇六年、四五頁〜五一頁）。

もっとも、体質の遺伝を認めていたからといって、ハンセン病が強力な感染症ではないことを認めていたことにはならない。しかし、体質遺伝に注目したからこそ、光田は件《くだん》の調査研究に参加した。そして、体質遺伝を重要視したからこそ、患者の子孫を残さないという方針を強固に守り抜き、執拗なまでの断種と堕胎によってこれを実行した。このようなことは、感染しやすい病気だということからは、出てくるものではない。もし、強い感染力をもつ菌が原因で起こる病気だというのであれば、体質によらず誰もが感染し、発症する可能性をもつことになり、それを断種や堕胎で防ぐことなどできはしないからである。

このようにみてくると、光田がハンセン病を強烈な伝染病だと考えていたとすることは、難しい。それならばなぜ、彼は隔離を主導したのか。それを明らかにするためには、隔離のための収容施設（園）をつくって行こうとする光田の姿をもう少し見ておかなければならない。

（三）光田健輔のパターナリズム

光田健輔は、ハンセン病患者と共に生きた。もし彼が、偏見の持ち主で、ハンセン病患者に対する差別意識があったならば、この分野の専門医となることはなかったであろう。医師には様々な道が用意されている。あえてハンセン病専門医とならなくても、他の道を選ぶことはできたはずだ。しかし、彼はハンセン病専門医の道を歩んだ。

一九三一年日本最初の国立療養所としてスタートした長島愛生園の初代園長として、光田健輔は同園に赴任する。この時、光田は、五つの信条（融和の精神、互助の精神、犠牲奉仕の精神、虚礼の廃止、園の発展）をあげる（光田健輔、『愛生園日記』、一四四頁～一四八頁）。その第一に掲げられた融和の精神の中で、患者、職員とも家族となって生きようと、光田は説く。入園者と職員が「秩序ある平和な生活を送っていくためには、人間同士の融和が一番大切なことである」と考え、光田自身が、これを「大家族主義」と呼んだ（光田同書、一四四頁、一六六頁）。

光田は、「私が家長となって、お互いが親兄弟のように睦まじく暮らしていきたい」と言う。でも、「だれが治者でも被治者でもない」と言いながら、「民法には子供の行動を誤らせないように、親権を行う父母にその子供への懲戒権を認めている。同じように愛生園の家長も、患者に対する懲戒権をもっている」とされると、当然そこには、権限を有する者とそうでない者との区別が生じる。「それはあくまでも愛情の上にたったものでなければならない」と言われるとしても、権限を有する者は強者、権限を行使される者は弱者となる。もちろん、強者とは医師をはじめとする園のスタッフであり、弱者とは患者である。

このような秩序を設けながら、なお、「融和の精神」によって園をつくって行こうというのが光田の言わんとするところである。そこで、そもそもこのような懲戒権がなぜ必要とされたのか、見ておきたい。全生病院（長島愛生園赴任前の光田の勤務先）での患者収容の状況について、光田の語るところは、この疑問に対する答えを与えてくれる（光田同書、五六頁、五九頁）。

「患者は療養所へくるまでは、乞食をして好きな所へ行き、勝手気ままに世の中を送ってきた連中である。（中略）かつて盛り場を徘徊《はいかい》して、祭礼の日などには特に貰いの多かった過去の生活がなつかしい。こうした身についた浮浪癖から、すきをみては逃げだそうとするものが多く、開院して一年たったころには、目立って逃走者が多くなった。」

「彼らが絶望と頽廃《たいはい》の中で満たされる享楽といえば、賭博《とばく》と姦淫《かんいん》だけかもしれない。（中略）強い者勝ちだから、盲人の患者は長年つれ添った女房を奪われたり、娘が大勢の男の餌食になったり、世間一般の道徳律はここでは通用しなかった。／ライ刑務所もなく、ライ病院は治外法権であるという考えが、彼らを恐いものなしにして、体は不自由でも気随気ままに院内を横行闊歩していた。」

このような見方のもとに、品行不良な患者に対する懲戒権は行使された。そして、この全生病院での経験が、長島愛生園という新たな施設の建設と運営においても、最初から組み込まれることになる。療養所という社会から隔絶された施設の中で、多くの患者が秩序を保って生きて行くためには、自分を家長とし、それに従う患者たちからなる大家族主義の理想に支えられて施設をつくり上げて行かねばならないと、光田は考えた。そのためには、親が子どもを懲戒するように、施設管理者側が患者を懲戒する権限は必要だとされたのである。

ひとりの家長の指示のもとに各々が適切な役割を担い、務めを果たす。家族を守ろうとする父親によって発揮される力があり、この力によって家族の利益が図られる。これとの類比において、強い父親のような力を背景として、弱い者あるいは困っている者に対して施される恩恵に根ざした行為があり、これを是とする考え方を、パターナリズムと言う（本書、第二章、第一節、「(二) 尊厳死についての議論」参照）。「気の毒な人たちだから、守ってあげよう」、「無知な者に代わって、最善の判断をしてあげよう」という仕方でパターナリズムは現われる。悲惨な状況に追いやられている患者を、父親のような愛情と力によって守らなければならない。園長を家長と心得る光田は、パターナリズムそのものを生きたと言えるだろう。

(四) パターナリズムの限界

パターナリズムには、正の面がある。光田をはじめとする医師たちは、病気に対する偏見から生じる世間の差別と自身の肉体の病気という二重の苦難の中にある人たちに、具体的な仕方で救済の手を差しのべた。彼らの努力は称賛に値する。弱者保護の行動に見られるこの精神をパターナリズムに含めるならば、それは決してネガティヴなものとは言えないことになる。しかし、これをパターナリズムと呼ぶことは適切ではない。パターナリズムという名称が用いられ、事の是非を問う議論がそこに設けられることには、それなりの意味がある。では、パターナリズムとは、一体何であったのか。そして、その何が間違いなのか。

パターナリズムは、弱く劣った人たちを守ってやらなければならないという仕方で現われた。浮浪する患者を収容して面倒をみる。そして、患者の強制隔離が是とされると、今度は、隔離（自由を奪われること）によって犠牲になる患者の福祉のために努力しなければならないと考えられた。隔離を強制し、その人たちの自由を奪っておきながら、そうするからには、自由を奪われて犠牲になる人たちの力にならなければならないという仕方で、再びパターナリズムは重ねられる。パターナリズムの背後には、自分の行動を合理化する強い態度がある。

一方、ハンセン病を患う人たちの中には、園の管理者たちによって守られているという認識をもつ者がいた。本節（五）で述べるように、光田を慕う患者たちの存在は、それを表している。しかし、多くの者は、家族と引き離されて強制的に隔離収容され、園の様々な事情に従って生きることを余儀なくされたと考えた。自由を奪われるということは、そのような認識をもたらす。たとえ管理者側が善意をもって考えた仕組みや制度であっても、それは管理される者の側から見れば、強制と映ることもある。

病気の療養のために施設に入ったにもかかわらず、症状の軽い患者たちは、重い患者の介護をはじめ、洗濯（手作業）や日々の作業をせざるを得なかった。当初、それらの作業が入所者の生きがいになると思って始められたにしても、また、患者たちのある者は働けることに喜びを感じ、進んで作業に応じたかもしれないが、しかし、それをよいことだとして、そのよさに全員が与るべきだとして、在園者すべてに行き渡らせてしまうと、また、慣習化されあるいは制度化されて、新たに入ってきた人たちに引き継がれていく時には、それを拒むことがためらわれる（体調が悪いために今日は作業をしたくないと思っても、そうすることができない）ようになる。その場合、それは強制となる。[*11]

軽症者が重症者を助けて生きることは互助と犠牲奉仕の精神を充たすものであり、その努力に対して僅かとはいえ報酬が支払われることは、人々に人間としての誇りをもたせることに役立つと光田が考え、かつ実際にそのようなことが患者のある者たちの間では真実であったとしても、すべての人がその秩序に則って生きることができたかと言えば、そうではなかった。それは、光田によって考えられた理念＝観念としての秩序に他ならなかった。しかし、光田にとって、自分が患者のために尽くしているという意識は疑いようのないものであり、患者のために払っている自分の努力に納得することはあっても、自分が患者に対して差別的な態度をとっているなどということは、思いもよらないことであったであろう。自分が患者を支配し、強制しているととらえることは、全くできなかった。

ここに、強者から弱者へ与えられる温情を内実とするパターナリズムの限界がある。ではどうして、このようなことになってしまったのか。それを理解するために、次の（五）で、長島愛生園の初代園長として赴任する光田が、どのような気持ちでその職務に臨んだのか、そして、そもそも光田にとって園とは何であったのかを、見てゆくことにする。

(五)　作品としての園

光田は、新たに開園する愛生園に赴任する際、全生病院で治療に当たっていた患者の中から、他の患者のお手本となる者を選んで共に移る。そのことを光田は次のように述べている(光田健輔、『愛生園日記』、一三六頁)。

「私の考えでは愛生園の最初の入園者は、全生病院で療養生活になれた善良なものを移すつもりでいた。せっかく苦心して作った国立療養所を放恣無頼《ほうしぶらい》の徒の巣窟《そうくつ》にしてはならない。後から入園してくる人たちのためにも、淳良《じゅんりょう》な気風を作ってくれるような、選ばれた人たちでなければならない——と思っていた。そうしているうちに全生病院で「われわれは悪質な浮浪ライではない。落ちついて百姓をして一生を暮らしたい」——という農耕グループが、入園希望の名のりを上げた。そこで希望者を募ってみると三百名もあるので、選考に困ったが結局、すぐれた技能をもったもの八十一名を選び出した。」

少し丁寧に読み解いてみよう。「せっかく苦心して作った国立療養所」という表現。偏見と差別ゆえに悲惨な生活を余儀なくされていたハンセン病患者救済のために、光田は療養所をつくる努力をした。療養所の必要性を行政に携わる者たちに理解させ、予算措置を取りつける努力をした。その一方で、偏見ゆえに自分の居住地域にハンセン病療養施設ができることに反対する住民たち及び地方行政担当者や政治家を説得した。候補にあがった設立地の調査に訪れただけでも身の危険を感じるような経験もしたというほどに強い偏見の中で、光田は施設の実現に向けて努力した。[*12]

光田には、療養所は自分の努力によってつくられたのだという思いがある。それゆえに、ハンセン病患者治療のための施設として、後世の範となるべき立派なものにしなければならないという思い入れがある。療養所を「放恣無頼《ほうしぶらい》の徒の巣窟《そうくつ》にしてはならない」のであり、そこに入所する人々は、「後から入園してくる人たちのためにも、淳良《じゅんりょう》な気風を作ってくれるような、選ばれた人たちでなければならない」のである。

光田と共に愛生園に行くことを希望した者は三〇〇名に及んだ。「選考に困ったが結局、すぐれた技能をもったもの八十一名を選び出した」光田は、彼が選んだその八十一名に対して、訓示を行う。島へ行く者は、「開拓者の気持ち」で行くこと、「はじめは苦労が多いだろうが、みんなの力でそれをのりきって、住みよい所にしなくてはならないが、それでも行くという決心がつくか」と語る光田に対して、人々は「いっせいにうなずいて「覚悟しています」」と答えたという（光田健輔、『愛生園日記』、一三六頁）。

新しい施設に園長として赴くことに対する気概が現われている光田の文面であるが、その背後には、患者からこれほどまでに信頼されていることを隠さずにはいられない者の自負心がうかがわれる。ここには、患者救済の主人公としての自分を信じて疑わない自負心に充たされた光田の姿がある。

ここにきて気づかざるを得ないことがある。それは、光田にとって、園（ハンセン病療養施設）とは、ひとつの作品であったということだ。彼の手になる作品。その作品の中に生きる人々がいる。医師、看護師、食事をはじめ園の運営に携わる人たち、そして患者。作品に登場するいずれの人物も、作品の秩序の中で生きなければならない。そして、その秩序は、作品が構想された時、既に決まっており、それを構想した者は医師（および、医師に主導されて行政上の施策を整えた行政官）であった。

光田は、『愛生園日記』の「はじめに」の中で、「あと半世紀の辛抱である」と書く。誰が何を辛抱するのかと考えると意味深長である。「患者の生涯を療養所に朽ちさせることは、まことに惻隠《そくいん》の情に耐えないものがあるが、人類の幸福のためにはやむを得ない」、「惻隠の情に耐えない」が、ここでハンセン病者の「心情にほだされる」ことのないよう「警戒」しなければならない、と光田は言う（光田健輔、『愛生園日記』、三頁）。ひとりひとりの患者に同情し、彼らの人生の自由を少しでも認めてやりそうになる自分の心をきつく戒め、これを「辛抱」するというのが、光田の言わんとするところである。ハンセン病を根絶すること、このことによって実現する人々の幸福のためには、ハンセン病患者を終生隔離することもやむを得ずしなければならないという辛い立場を「辛抱」しようではないか、というのである。

患者に同情し、是非を曲げてしまいそうになる自分を抑えているのだという認識がここにはある。是非とは、人類の幸福のためにハンセン病をなくすこと、そのためにハンセン病患者を絶対隔離すること。この是非を守り貫くために、自分を激励している、それが、「あと半世紀の辛抱である」という光田の言葉だ。

確かに、光田は、社会から疎まれてきたハンセン病患者に救いの手を差し伸べた。浮浪する患者を収容し、彼らに治療を施し、彼らと向き合った。しかし、患者は同情されるべき人たちではあったが、社会のために絶滅してもらうしかない存在として見られていた。子孫を残して連綿と続く命の営みの系列に身を置く自分たちとは異なった存在、そこから判別される存在としてとらえられていた。その彼らが人生を全うして、この地上から消えるとき、ハンセン病は日本社会からなくなる。それまでの五〇年間、自分たち医療従事者は、それと付き合い、消え去るのを見守らなくてはならない。それが「あと半世紀の辛抱」なのである。そして、この言葉は、自分に向けられたものであるだけでなく、ハンセン病治療に携わる人たち、さらには、健康者の社会に向かって投げかけられてもいる。共に辛抱しようではないかと。

本節では、患者救済の意志に貫かれた光田の姿を見てきた。ここにきて、光田のまなざしが本当に向けられていたものは何かが明らかになる。それは、今苦しんで生きている人にではなく、苦しむ人がいなくなる社会の実現に向けられていた。不幸な人のいない社会をつくること、このよさの実現に向かって自分は努力しなければならないと光田は考えていた。このよさの実現のためには、患者の人たちには犠牲になってもらうこともやむを得ない、気の毒ではあるが仕方がない、そう考えた。この時、光田にとって患者は、医療行為を行う者（主体）の対象ではあっても、共に生きる者とはなりえなかった。患者のためにあれほど尽くしながらも、光田は患者の傍らに在ることはできなかったと言われてよいだろう。

作品としての園の主人公、それは患者たちではなかった。確かに、患者たちは作品の重要な構成要素だ。しかし、主人公は、医療を施す医師であり、医師が敷く秩序の中で、もうひとりの登場人物＝患者はただ健気に生きる者としてある。患者は、医師の温情のもとに健気に生きる人たちでなければならず、その温情に報いようとしない者は品行に劣る者とされた。秩序を逸脱する者は、秩序を敷く者＝作品の製作者＝園の管理者によってその誤りを正されねばならない。ここでは、秩序が第一義を占めている。

この秩序という言葉は、これまで考えてきた問題を解き明かすための重要な概念をなす。そこで、いったん光田からはなれて、秩序について考えておこう。

第三節　人を縛るもの

（一）秩序とは何か

世界は変化に充ちている。昼夜の変化、季節の変化、その変化の中で、草が生え、花が咲き、虫や鳥が飛び交う。風に木の葉がさやぐし、動物たちの立てる物音や声が空気を震わせる。森羅万象は変化の連続である。生命（子ども）の誕生には喜びの感情が伴われるが、しかし、それに先立って、人々は驚嘆の気持ちをもって生命を迎えた。また、老衰による自然な死であれ、病気による苦しみを伴った死であれ、自然災害による突然の死であれ、どのような死にも、共に生きてきた者には悲しみや不安が伴う。この驚嘆と不安を乗り越えさせてくれる力が求められた。神々が統《す》べる世界の物語によって、世界に生起する諸現象に説明が与えられ、生と死もその秩序の中に位置づけられた。宗教が、人類の誕生と同じように古いと言われるのは、このようなことだ。そこには秩序が設けられている。

続いて、科学は、合理的な仕方で世界を説明した。不可思議な力が支配する世界を斥けて、世界を構成する物質の要素を特定し、その特性と運動の複合によって、生成変化を説明した。世界から恣意や偶然が取り除かれ、必然の様相のもとに世界は位置づけなおされ、その透明な構造を現した。科学によって、世界は新たに秩序づけられた。

また、人間は、環境を自分に合わせてつくり変え、新たに自分たちがつくり出した環境に適応して生きる。衣食住といった生活(文化)の多様性は、人間の工夫とその努力によってつくられた(第二章、註11参照)。何をどのように調理して食べるか、何をどのように身に纏《まと》うか。どのような住まいをつくって住むか。それらは、文化として継承された。生活を共にする人々の間でつくりだされたもうひとつの秩序である。

さらに、人と人とが関係を織りなして暮らす社会ができる。すると、共に暮らす人々の間で約束が交わされ、ルールがつくられる。ルールづくりのプロセスに当事者が参加しているかどうかによって、それを受け入れる人たちの間で、強制と感じるかどうかが異なってくるが、この点は今は問わないとして、一方的に与えられたものであれ、作成に自分たちが参加したものであれ、それらが定まった段階においては、それらを守らないと、注意を受けたり、罰を受けたりすることになる。地域社会には慣習として守られているものがある。学校には校則があるし、会社にもそのようなものがある。日本国憲法や国連憲章に込められた精神は、人々に生き方の規範を示す。それらは、人がどう生きるか、どう振舞うかについて、拘束力をもつ。その限り、それらは秩序をなしている。

そのように考えると、人の手が及ばない自然であれ、人によってつくられた社会であれ、そこで人が不安にさいなまれることのないように、しかも前に向かってしっかりと歩むことができるようにはからってくれるもの、その生き方を支えてくれるもの、これを秩序と呼んでよいだろう。秩序のおかげで人は安心して生きることができる。このようにして、人には秩序が必要であり、大切にされる理由がわかる。

秩序について簡単に列挙してみたが、それだけで秩序には二つの面があることがわかる。ひとつは、人間が生きること、何かをなす時には、必ず秩序がつくられるということ。もうひとつは、つくられた秩序は規範となって、人間の生活を支えること。このことを、もう少し説明しておこう。

(二)　秩序をつくる人間

人間の本質的な営みが秩序をつくることにあることを象徴的に描いている、格好の例がある。第二章でも紹介したが、「我思う、故に我在り」という言葉で有名なデカルトという哲学者が近世フランスにいる。その著作に『方法序説』があり、その第二部で、デカルトは、学問の方法について語っている。そして、その冒頭で建物や都市の話をする。ひとりの技術者が設計し完成させた建物は、別の目的のためにつくられた古い壁を利用して、多数の人が努力してつくりなおしたものよりも、いっそう美しく秩序づけられているものだ。同様に、当初小さな村でしかなかったのに、それが時の経つのにつれて大きな都市となった場合には、ひとりの技師が原野に思いのままに設計した規則だった都市に比べて、不均衡なものである。次第に都市ができて行くときには、それを導いているのは偶然であり、人間の理性がよりよく発揮されないから、そういうことになるのである。

そうならないためには、ひとりの人の理性を最大限に発揮させてやればよい。そして、このことは、学問の世界においても同じなのである。ひとりの人間が、自分の理性を最大限に発揮して真理の探究を行う場合、そこには、秩序がある。デカルトにとって、秩序こそが、真理認識に至る欠くことのできない条件だった。

この都市の設計の譬《たと》えは、学問に臨むデカルトの姿勢をよく表すものであるだけでなく、同時に、人間の生き方全般に当てはまる。人は何かをしたい、つくりたいという意欲をもっており、そのことに努力を払う。この時、人は必ず秩序をつくる。このことにおいて人間が飛躍的な成功を収めたのが、近代である。自然に秩序を敷き、はたらきかけ、富を生む。もちろん、このことについての評価を現代の目で行わなければならないが、これは本章の範囲を——関連はするが——超える。ここでは、デカルトが言ったように、人は秩序をつくりながら生きるものだということを、強調しておきたい。

そして、このことは、仕事と遊びのどちらにもあてはまる。それが遊びであるならば、「好きなように」してよいように思われるかもしれないが、全く無秩序なのかというとそうではない。ひとり遊びであれ、集団の遊びであれ、それらは決まりごとに則ってなされる。身体を使った遊びにしろ、言葉による遊びにしろ、いずれも決まりごとなしには成り立たない。スポーツのルールなどは、すべて緊張感をもって競技を楽しむことができるように工夫されたものだ。

遊びは、もちろん仕事とは異なるが、しかし、それに熱中した時には、人はそれを真剣に行う。人は、スポーツに熱中すれば、競技としての楽しさを味わいつつ、技量を高めるために努力する。スポーツであれ、囲碁や将棋であれ、技量を高めようとする点では、遊びと仕事は区別されない。その技量を高めようとする者が、愛好家として生きようとするのか、それとも、職業人として生きようとするのかという点で、違いがでてくるに過ぎない。どちらにも、ことをよりよく成し遂げようとして払われる工夫と努力を支える合理性の秩序がいつも横たわっている。

まして生涯を懸けた真剣な仕事となると、いっそうそうである。人は、抜かりなく慎重にことを運ぼうとする。ひとつひとつの事柄に目を配り、それらをどのように組み合わせ、どのような手順で処理していくか、仕事を成就するために考え抜かれた合理的な秩序に支えられて、人は歩みを進める。光田は、生涯を懸けた作品としての園を完成させようとした。作品である限り、光田の努力もまた、ひとつの秩序のうちに自らを表現する他なかったのである。

(三) 秩序の二面性

そして、もうひとつ大切なことがある。このようにしてつくられた、あるいはつくられ始めた秩序には、秩序そのものの完成を目指して人を惹きつける力があることである。

光田の仕事を再びたどることによって、園の設立に向けて事態を切り開いて行く積極的な面と仕事（作品）の完成に向けて秩序そのものが合理的な説明を獲得して行く面とが見られる。まず、光田には、①患者救済の意志があった。次に、②国民をハンセン病から守るという理由で、強制隔離を主導した。そして、第二節（五）で見られたように、光田の究極のねらいは、③ハンセン病の根絶であった。これらを通して浮かび上がるものは何か。

①と②は、患者の福祉を重視するか、国民の福祉を重視するかという点で、一見、矛盾するように思われる。しかし、そのようにはならなかった。その理由を理解するためには、②と③の関係から考えなければならない。そもそも、光田をはじめ医療従事者たちには、ハンセン病が感染力の強い伝染病ではないことは認識されていた（第二節（二））。しかし、③を実現するためには、②を理由として強制隔離を徹底し、患者が園（療養所）内で死に絶えるまで待つ必要があると考えた。

感染源となるらい菌の保有者が絶えることもそうだが、それ以上に、らい菌の感染による発症から免れにくい（免疫力の弱い）体質の者とその体質を受け継ぐことになったかもしれない子孫を絶やすことによってハンセン病を撲滅することができることに、よさが見られたからだ。

既に述べたことだが（第一節（二））、ここに見られるよさは為政者のみならず、すべての国民にとってのよさである。そして、未来を生きる子どもたちみんなにとってのよさである。患者の人たちにも、自分と一緒に辛抱してもらって、このよさの実現に向かって歩んでもらいたい。そう考えたとき、①もまた、③の中に吸収される。ハンセン病で苦しむ者、不幸な者を未来の社会では出さないということをもって、患者救済の極致とすることである。ハンセン病で苦しむ者のいない社会の実現、それは究極のよさである。[*13] このようにして、光田の心の中で、患者救済を実現する秩序は完結する。

人は秩序をつくる。そして、いったんつくられはじめた秩序は、その完成へと向かって人をひきつけて行く。その秩序のよさがもつ合理性が人を支え、それへと向かって生きるように人を促す。秩序に貫かれた社会（作品としての園もそのひとつ）は、もちろん人によってつくられるのだが、その社会がいつの間にか「できあがっていた」ものとして現われるのは、秩序の中にある合理性が、それを発案し主導した者のみならず、そこに生きる人々を惹きつけてやまないからだ。

国立療養所をつくり、ハンセン病患者を終生隔離する、この構想（秩序をもった設計図）を得た光田は、使命感に支えられて、これを実行した。この使命感の背後にある合理性に貫かれた秩序の力が、光田の生き方を支えている。そして、ひとたびこの秩序に身を置いて生きることを始めた光田は、この秩序の外で生きることができなくなった。戦後、ハンセン病が治癒する病気になったことによって、隔離政策をみなおす運動が入所者の間から生まれ、これに理解を示す国会議員も現われた時、その動きを阻んだのは、光田ら医療従事者であった（第二節（二）、特に註10参照）。

それはなぜかと考えた時、作品の完成を目指して邁進している光田の姿が現われる。よさの秩序の完結＝作品の完成に向かって、あともう少しの辛抱だと自分と日本国民に言い聞かせている光田の姿である。よさの実現を目指して敷かれた秩序は、そのよさゆえに、人の考えと行動の規範となる。自分が敷いた秩序でありながら、人はそれに縛られて生きる。そのような二面性が、秩序にはある。光田もまた、その中を生きたと言われてよいであろう。そして、それは光田ひとりではない。秩序は、すべての人の思いの中に、そして、生活の中に浸透し、人々を導く規範となって行く。次にそれを見ておこう。

（四）秩序に囚われる人間

善良な人々は秩序を守る。ハンセン病患者隔離政策の下、患者を収容した施設で働いた人たち（医師、看護師、患者の生活全般を支える仕事に従事した人たち）はもちろんのこと、患者を施設に送る役割を担った人たち（戦前の警察官、保険所の職員、周囲の人たち）は、秩序に従って仕事に励んだ。

彼らには、自分たちが患者を差別しているという認識はない。あるのは勤勉に勤めを果たしているという認識だけだ。それが患者の人たちにとってどれほど苦痛であり、屈辱的であったとしても、自分たちの行為は秩序の中で合理化、合法化されているからだ。理に適い、法に適った仕方で精勤している自分を疑うことはなかった。

患者の人たちが療養所に送られるとき、貸し切りの列車が用意されたという。椎林葉子（仮名）さんの言葉。[*14]

「途中の駅で列車が止まると、そこにはたくさんの人が集まっていて、私たちの乗っている列車を懸命に見つめているのです。何だろう、どうしたんだろうと。田舎から出てきた私はハンセン病が厳しい世間との隔絶の状況になっていることを知りませんでした。それでみんながそのように視線を集中させていることの意味が、まるで分かりませんでした。」

列車が町を離れた時、椎林さんが窓を開けて外をのぞくと、そこには「癩」と記されていたという。子どもであった椎林さんには、その文字は難しくて読めなかった。この文字は、ハンセン病患者を収容する列車であることを人々に明示し、そこに近づかないようにと警告していたのである。

列車を降りて、療養所まで小型の自動車に乗ると、この自動車の窓にはカーテンが引かれていた。車に乗っている患者を、周囲の人々が見る。中には覗き込むようにして見る人がいるかもしれない。何か珍しいものを見るかのように、好奇心の対象として見る人がいる。自分たちとは異質の人たちの存在を覗き見る。そのような姿が、想像される。無理もない。非日常的な光景は、人々の好奇心をそそる。だから、そのような視線にさらされないようにとの心遣いから、車の窓にカーテンがひかれたのかもしれない。

そうすると、車の窓のカーテンも、優しさから考えられたものだということになる。しかし、そのような優しさは、隔離による患者と社会との断絶をもっと深めて行く。隔離ということを、あらゆる場面において抜かりなく行き渡らせる。ハンセン病の烙印を押された人たちは、どんな些細なことにおいてさえも、「社会」との接点をなくそうとする秩序の中に置かれることになる。たとえそれが優しさから出た行為であったとしても、人々は「社会」から隔絶されて行く。

椎林さんの言葉。

「猫を山に捨てるときは、猫に目隠しをするというじゃないですか。二度と帰ってこないように。その道筋をわからせないためだというでしょう。私たちも猫と同じような状況だったのですね。」

患者を棄てようとして、目隠しをして移送することなど、ありえない。しかし、車の窓のカーテンは、そのような意味となって椎林さんの心の奥底に留まる。自分は社会から棄てられた者だという思いに、人を至らしめる。ハンセン病を病む人に関わった人たち、患者に手を差し伸べた人たち、治療や看護に精勤した人たち、それらの人たちのうち、いったいどれほどの人が、患者の人たちのこのような心の痛みを感じ、その思いを共にしただろうか。彼らは、患者の傍らで生きているように見えて、そのようにはならなかった。そうではなくて、秩序を守ること、秩序に従って勤務に励むことに心は注がれた。

(五)　秩序の中にある同情

秩序について、もうひとつ付け加えておきたいことがある。それは、同情もまた秩序の中にあるということだ。ハンセン病には偏見と差別がつきまとったが、苦しむ人に同情を寄せる人たちもいた。それは、二〇世紀初頭も今日も変わらない。裁判（熊本地方裁判所に提訴された「らい予防法違憲国家賠償請求訴訟」、註1参照）以降、強制隔離政策とそれにかかわる悲惨な事実（断種、堕胎、患者作業、懲罰のための重監房等）が、明らかにされるようになった。人々は、そのような酷い仕打ちを行ったかつての為政者や園の管理者に対して批判の目を向けると同時に、元患者の皆さんに深い同情を示した。人々は、患者であった人たちの傍らに立っているように見えた。

ところが、強者から弱者に向けてもたれる同情では、人の傍らで生きることにはなり得なかった。弱者として同情を集めていた人たちが、人権を主張して立ち上がるや否や、同情は簡単に消え失せ、かわって憎悪が投げつけられた。

二〇〇三年、熊本県の「アイレディース宮殿黒川温泉ホテル」による国立ハンセン病療養所菊池恵楓園（同県）の入所者（元患者、回復者）に対する宿泊拒否問題は、このことをよく表している。当初、ホテル側は謝罪を拒み、宿泊を予約した熊本県（健康づくり増進課）の説明不足に問題があると指摘した。この時、世間の人々は、入所者の人たちに強い同情を寄せ、ホテル側を非難した。その後、ホテル側は謝罪したが、あまりに形式的な謝罪に園の自治会が疑問を投げかけると、市民の感情は一転して、入所者への攻撃へと変わって行く。さらに、ホテル経営者が、翌年、ホテルを廃業してしまうと、市民の反応は、入所者への憎悪として現われた。*15

もちろん、同情を寄せていた人すべてが、憎悪の感情をあらわにしたわけではないだろう。しかし、市民の感情は、はっきりと変わって行った。いったいなぜ同情は憎悪に転化したのだろうか。このことを考えるうえで、同情と共感との違いを認識しておくことは大切だ。共感が、自分を平らかにし、自他の間に壁を設けない次元に成り立つのに対して、同情はパターナリズムの延長上にある。ここには、自分は高位《たかみ》にいて、低位《ひくみ》にある者に同情を寄せる構造がある。

この構造あるいは両者の位置関係は、ひとつの秩序をなしている。弱者が人権を主張することは、強者の立場と同等になることを意味する。位置関係の変化は、秩序の変更をもたらす。強者にとって、秩序が壊されることは、自分に対する造反と映る。弱者に同情を寄せる善意の自分の思いを顧みず、感謝するどころか、逆に踏み躙るようなことをされたととらえてしまう。そのようにはっきりと意識されていたかどうかは、問題ではない。自分がそのよさを生きている秩序が揺るがされていると、どこかで感じている。そこからくる不安と不満、それらに衝き動かされて、憎悪と敵意が発せられる。

パターナリズムの延長上にある同情は、秩序の中にある。秩序に囚われている限り、秩序に変化が起こる、あるいは起こりそうになると、同情は脆くも崩れ去ってしまう。よさの実現を目指してつくられる秩序。でも、その秩序に囚われるとき、悲惨が生まれる。次節では、これを越えるために、どのように学べばよいのかを考える。

第四節　人の傍らで

(一) 秩序は人を縛る

自由を与えられた人間は、自己のよさを証明しなければならない。なにも外に向かって証明するということではない。自らを説得して生きるのである。この納得は、優れた技量を自らが身につけることによって得られる。その結果、技量は外に向かって表現されることにもなる。仕事で能力を発揮する場合も、競技で能力を発揮する場合も、いずれも「作品の完成」というような仕方で現われる（第三節（二））。作品を生み出すことによって、自分のよさが実現していると、人は考える。そして、作品の完成へと向かって、人を導く合理性の秩序に支えられて、人は安心して歩み続ける。確信をもって生きること、よく生きること、これを実現するのが、秩序に貫かれた知恵であることは、デカルトが教えてくれたところでもある。

しかし、人はこれにもうひとつの学びを加えなければならない。ひとつの秩序に支えられて生きる時、そして、そこに映し出される美しさに目を奪われる時、それに囚われてしまうことがある。それが明らかな悪であれば、しないように踏みとどまる。しかし、よさを私に説得する合理性がそこにあれば、私はそれをする。その時、人を疎外し、差別することがあったとしても、それに気づかずにするかもしれないし、気づいても多少の犠牲はやむを得ないとしてするかもしれない。さらに、残酷だと思われることであっても、それを辛抱して行うことが、よさを実現することになるのだと自分を説得して、それへと向かって進むかもしれない。あと半世紀の辛抱で自分たちの努力が報われると考えた光田は、その秩序の上を走りぬいたと言えるのではないか。その意味では、優等生だ。でも、それは不幸なことである。差別に苦しんだ人たち（患者）はもちろんのこと、人（患者）を苦難の中に置いた人たち（善をなそうと努力している自分しか見えていない者）もまたそうである。

光田は私であり、あなたである。もし、私が、あるいはあなたが、光田と同じ立場にあったら、彼と同じことをしなかっただろうか。国民をハンセン病から守るというよさ、ハンセン病に苦しむ人をなくすというよさ、このようなよさを実現しようとする合理性に支えられた時、彼と同じようにしなかったと、言えるだろうか。

ハンセン病根絶策としてすすめられてきた一万人の隔離計画は、一九四〇年にその目標を達成する。この一万人には犠牲になってもらわなければならないが、しかし、それによって、将来百万人もの人が病気の苦しみから逃れることができると考えられた。それは理に適った考え方のように思われる。そのように考えることができる理由は、一万人と百万人、その差九九万人が余分に苦しむことから免れるのであれば、その方がずっとよい、ということになるからだ。

　だが、気をつけなければならないことがある。ここで問われている「一万人の人」、「百万人の人」は、合理的な思考の対象とされた「人」だということである。ここでは、人は、ひとりひとりの人ではなくて、合理性の秩序に位置づけられた「人一般」としてとらえられている。そのような判断をなす者は、合理性の秩序に支えられて、人を見ている。この時、そこにいるひとりひとりの人生とひとりひとりの命は見えていない。ひとりひとりの表情は顧みられていない。顧みられていないから、このような判断がなされる。

　しかし、人は何万人で生きるのでも、何万人で死ぬのでもない。ひとりひとり生き、ひとりひとり苦しみ、ひとりひとり死ぬのである。多数の幸福のためには少数の犠牲は仕方のないことだとする合理性の秩序、優れた性質や能力をもった人はそうでない人以上に優遇されて当然だとする合理性の秩序、そのような合理性の秩序に支えられて人に関わることをやめる時、人は、ひとりひとりの命にまなざしを向けることができる。人は、何かに支えられたり、何かを介してではなく、人に直接かかわって生きることができる。

（二）人の傍らで生きる

　人は秩序に支えられているし、その時までそのように生きてきた過去は、その人の人生の意味となってその人の内に蓄積される。これを誤っているとして捨て去ることは、その部分の人生を棄てること、否定することである。しかし、そうしなければならないことがある。見られたように、人は秩序に支えられてよさを求めながら、誤ることがあるからだ。

ひとつの意味を否定することは、新たな意味をつくることであり、それを積み重ねて生きることである。そして、新たな意味を積み重ねることは、再び秩序をつくって行くことである。人が生きることとは、絶えず秩序をつくり、そして、これを壊す繰り返しだと考えることができる。それは辛いことである。しかし、この辛さを分かちもつことによって、人は人と心をかよわせることができる。

なるほど、優れた作品の作成には秩序が必要だ。人は、秩序に支えられて、作品の実現を目指して生きる。しかし、そのことが、人を疎外したり、差別したりするようなことがあれば、その作品の完成を放棄し、さらには秩序をも壊すことがあってもよい。秩序を越えて、人は生きて行ける。秩序が生まれる前に、人間存在があった。この存在に立ち戻ることが、望まれる。そこでは、合理性に貫かれた秩序に支えられて生きるかわりに、人の信頼に支えられて生きることができる。

だが、注意してほしい。このように書くと、ここでは、あたかも人の傍らで生きることが、新しい時代の目標であるかのように聞こえるかもしれない。もちろん、そのような含みはある。しかし、人間の実際を考えてみると、人は人の傍らに在ることによって生かされていることがわかる。

作品の作成（仕事や遊び）に失敗しても、挫折を繰り返しても、人は生きて行ける。それはなぜかを考えると、人の生を根本のところで支えているのは、実は秩序ではないからだということに気づく。人は、自分がどのような者であっても（能力に劣っていても、失敗しても）、人に受け入れてもらっているという安心感に支えられて生きている。

人は作品の完成に向かって確信をもって歩む時、安心して生きることができると述べた（本節（一））。しかし、それは、何かを生み出すことに伴われる安心である。逆に言うと、何かを生み出すことができなければ、不安で仕方のない生き方を余儀なくされる。それとは異なり、さらにもうひとつ深い次元で人間を支えてくれる安心感が、ここにある。人は、人の傍らに在って、生きることができている。それは、人を生かすことだけでなく、私自身が生かされることである。

現実の園に足を踏み入れ、そこに立って考える。その空間がかつて閉ざされており、園に暮らす人々にとって、社会とは壁の外の世界であり、その社会は壁のすき間から垣間見ることしかできないものであったこと。外へ出ることが禁じられ、その禁を破った者は犯罪者のように警官によって取り締まられ、園に戻れば処罰されたということ。妊娠した女性には堕胎手術が施され、結婚を望む者には子どもができないように断種手術が行われたこと。あなたが立っているその場所で、それらが現実にあった。

人間とは、これほどまでに酷いことをなし得るのか、そして酷い仕打ちを受けてきた人たちが、それにもかかわらず、生きることができたのはなぜなのか。そう考えた時、人の傍らに在ることの力がわかる。それは、秩序に囚われることから生じた苛酷な差別の中に置かれても、それを乗り越えさせてくれる力として、人に与えられている。人の傍らで、人を信じ、人の存在を肯定する。人の傍らにある時、そのことは、あらゆる状況とそれを貫く秩序を捨て去っても、人は生きることができることを教えてくれる。

私たちひとりひとりは、いつだってこの世界を生きる主人公だ。秩序の中で、秩序に支えられて、正しく在り、よく生きようとする。でもそのことが、人の存在を疎外するようなことを含んでいるのであれば、いつでも、もとの存在に立ち戻ることができる。人間として生きること、そのための秩序のつくりなおし。それは、人の傍らでなされる。

註

1　私もそのひとりだった。裁判（一九九八年に熊本地方裁判所に提訴された「らい予防法違憲国家賠償請求訴訟」、結審は二〇〇一年。ハンセン病患者の隔離を規定した「らい予防法」は一九九六年に廃止されたが、世間の偏見差別は何も変わらず、療養所で暮らす人々の人権も回復されないままであった。）が、この問題の存在を私に教えてくれた。この訴訟は、星塚敬愛園（鹿児島県鹿屋市）入所者島比呂志（故人）が九州弁護士会に人権救済を趣旨とした手紙を送ったことに端を発する。この裁判をきっかけにして、私は島の著作を手に取った。そして、ハンセン病問題が私のみならずすべての人にとっての課題であることに、気づかされた。私は、島がその人生の大半を生き、その作品を生み出した場所に立って考えようとして、星塚敬愛園を訪れ、今なおそこで暮らす皆さんと交流を重ね、学んでいる。

2　ジュリア・ボイド『ハンナ・リデル』吉川明希訳 日本経済新聞社、一九九五年、五九頁〜六〇頁。なお、宣教師らの手による私立の療養所は、静岡（ジェルマン・テスト・ウィード、神山復生病院、一八八九年開設）、東京（ケート・ヤングマンと好善社、慰廃園、一八九四年開設）、熊本（ハンナ・リデル、回春病院、一八九五年開設、ジャン・マリ・コール、侍労院、一八九八年開設）に、設けられた。

3　渋沢栄一は、国辱論（①外国人篤志家の慈善に甘えること、②既に先進国（欧米各国）においては終息したとみなされていたハンセン病について、その患者が日本には多数いるという実態が日本の後進国性を表すものであり、これが外国人の目に触れることを恥ずかしいとすること）を説くことによって、当時の政府から施設建設運営のための予算を引き出したと言われている（藤野豊『ハンセン病問題と戦後民主主義　なぜ隔離は強化されたのか』岩波書店、二〇〇六年、三〜五頁）。

4　施設の医師らのハンセン病患者絶対隔離の主張を経て、一九二〇年に保健衛生調査会が一万人隔離を目標とする「根本的癩《らい》予防策要綱」を決定し、ハンセン病患者収容に向けて積極的な活動が展開されることになる。その後の大まかな経緯は、次のようなものである。

一九二九年　愛知県で無癩県運動（ハンセン病患者をひとり残らず施設に収容隔離し、県下から患者をなくそうとする行政に主導された全県民的運動。この運動は、各県に広まる。）開始。

一九三〇年一〇月　内務省衛生局は、全員隔離、終生隔離による患者の絶滅を目指す「癩の根絶策」を策定。

一九三〇年一一月　ハンセン病療養施設長島愛生園開設。

一九三一年三月　同宮古保養院開設。

一九三一年四月　法律「癩予防ニ関スル件」一九〇七年を改定し、「癩予防法」（旧法）制定（施行は八月）。この癩予防法に明記された国立療養所の開設規定に従って、一九三五年星塚敬愛園も開設され、この施設に、島は一九四八年に入所し、その人生の大半を過ごすことになる。なお、日本におけるハンセン病問題についての啓蒙書は、多数ある。公共図書館や書店の店頭およびネット書店で「ハンセン病」のキーワードで検索していただくとよい。

5　隔離政策に反対して、開放型の治療を続けた医師小笠原登については、下村英視『星ふるさとの乾坤――星塚敬愛園を生きた人々――』鉱脈社、二〇一二年、六一頁～六二頁参照。

6　「「戦争に備えて強い国民を作る」という、いわゆる優生思想の観点から全患者隔離＝絶対隔離に強化される。（中略）まさに、戦争が絶対隔離を生み出したともいえます。」シンポジウム「ハンセン病問題が問いかけたもの」（二〇〇一年、鹿児島市）での藤野豊の発言。『ハンセン病問題は終わっていない』南日本ハンセン病取材班編 岩波ブックレット No.567、二〇〇二年、三四頁。

7　ここから、ハンセン病療養施設で行われた堕胎と断種手術について、ひとつの理解が生まれる。藤野豊は、「絶対隔離をおこなって、その結果として子孫を絶やしたのではなく、子孫を絶やすために絶対隔離を断行した」と語る（藤野豊『ハンセン病問題と戦後民主主義　なぜ隔離は強化されたのか』岩波書店、二〇〇六年、五五頁）。また、松原洋子の研究によれば、戦前の「国民優生法」では、ナチスに倣った仕方で、遺伝性の病気（したがって、感染症であるハンセン病等は含まれない。）を断つことによる国民の質の改善と向上が目論まれているが、これとは別の流れがもともと存在しており、それは、障がいのある者を全て排除したいとする考え方である。松原洋子「民族優生保護法案と日本の優生法の系譜」(『科学史研究 第二期』第36号、日本科学史学会、一九九七年)、「〈文化国家〉の優生法 優生保護法と国民優生法の断層」(『現代思想』青土社、第25巻第4号、一九九七年)、「戦時下の断種法論争 精神科医の国民優生法批判」(『現代思想』青土社、一九九八年二月号)参照。

8 私は、「合理性」という言葉を「理に適っていること」の意味で用いている。そして、ここの文脈のように「合理性」という言葉が用いられると、それは、「自分もしくは自分が属する集団の利益(安全もそのひとつ)を守ったり、最大化すること」の意味になる。さらに、そのために、不必要なものごとを削り無駄を省くことが、よりいっそう理に適うことになる。日常的には「合理的」という語がそのような事柄および生き方を表す仕方で用いられるのは、このような事情による。

9 金城幸子さんの証言。『生き抜いた!―ハンセン病元患者の肖像と軌跡』草風社、二〇〇三年、一四六頁。ただし、この証言は、療養所が患者の救済に大いに役立ったということを言おうとするためのものではない。確かに、ひとりでは生きて行くことができない悲惨な患者(児童)を救済した。しかし、そのような悲惨な状態へと患者を追いやったのは、ハンセン病患者は危険な存在であるという偏見を人々にもたらした隔離政策である。隔離されなければならない程にまで危険な存在であるという認識が、差別を助長すると同時に、差別の実態を覆い隠した。

10　長島愛生園園長光田健輔、多摩全生園園長林芳信、菊池恵楓園園長宮崎松記は、参議院厚生員会(一九五一年一一月八日、第一二回国会)に参考人として出席し、異口同音に隔離の強化と患者への懲戒検束規定の強化を求めた。(『ハンセン病をどう教えるか』編集委員会、『ハンセン病をどう教えるか』、解放出版社、二〇〇六年、三七頁〜三八頁。)

11　事実、無理を押して作業に従事したことによって、体をより悪くしてしまった患者さんたちが多くいる。患者作業の理不尽さについては、敬愛園入所者の玉城シゲさんの証言(玉城シゲ「歩いてでも帰りたかった」村上絢子『もう、うつむかない　証言・ハンセン病』筑摩書房、二〇〇四年、一六二頁〜一六三頁)がある。痛みの知覚がないために、作業によって負った傷が重症化し、手や脚を失うことになった人たちのことが思われる。

12　「岩壁には殺気立った住民が蓆旗をおし立ててデモをかけ、私たちの上陸を拒否した。短刀をちらつかせている青年もあった」というほどに強い偏見の中で、施設建設候補地の調査が行われたという苦労話も、『愛生園日記』に出てくる（一一四頁）。

13　この点に優生思想の本質的な問題があることは、強く指摘しておきたい。病気で苦しむ者のいない社会の実現が望ましいとする考え方（優生思想）が、為政者のみならず市民に受け入れられるのは、それが健康者の漠然とした願望だからではなく、合理的な根拠をもつからだ。病気のない社会をよいとする考え方は、簡単には否定できない。理想を求めてその実現に向かって努力してきたというのが人類の歴史であり、その限り、そこによさがあれば、そのよさの実現に向かって努力するように人を促す力があるからだ。願望は合理化され、理想の実現に向かって秩序が敷かれ、人はそこを歩むことによって自らのよさに納得する。そのように生きることによって、病気に苦しむ者、障がいを伴って生きる者を疎外し差別していることに気がつかないまま過ごしてしまうことがある。そこでは、病む者、障がいを伴う者は、自己肯定感をもてない人生を余儀なくされる。このような状況を克服するためには、秩序に支えられた生き方を離れても人は生きることができることを学ばなければならない。「分ける」思想と対峙して、人の傍らで生きることを説く本章は、その一助となることを試みて書かれている。

14　星塚敬愛園に一四歳（数え年）で入所した（一九三八年）椎林葉子さんは、今もそこで暮らす。

とても明朗で、冗談をよく言い、人にいっぱいくわせる名人でもある。私が、椎林さんのことを書きたいと言ったら、快く承諾してくださったが、それでも仮名という条件がつけられた（下村英視『星ふるさとの乾坤――星塚敬愛園を生きた人々――』、鉱脈社、二〇一二年）。あの明るさの背後にある苦しみの経験を思う想像力をいつもはたらかせていなければならないと、心に刻むところである。

15　「温泉より骨つぼに入れ」などという言葉が投げつけられた。詳しくは、熊本日日新聞社編『ハンセン病とともに　心の壁を越える』岩波書店、二〇〇七年、「序章　宿泊拒否事件」参照。

下村英視（しもむら　ひでみ）

1954年　山口県生
1985年　九州大学大学院文学研究科博士課程、哲学・哲学史専攻、
　　　　単位取得退学
2008年　博士（学術）、千葉大学
　現在　沖縄大学人文学部教授

著書　『もうひとつの知』（1994年、創言社）
　　　『言葉をもつことの意味』（2009年、鉱脈社）
　　　『星ふるさとの乾坤』（2012年、鉱脈社）
　　　『人間存在の探究』（1991年、創言社、共著、岩切正和編著、第3章「存在と言葉」担当）
　　　『哲学への誘《いざな》い　新しい形を求めて』第Ⅴ巻自己（2010年、東信堂、共著、松永澄夫編著、第6章「人の傍らで」担当）

人間存在の探究
福祉の理論のために

二〇一四年四月七日　初版第一刷発行

著　者　下村　英視
発行者　宮城　正勝
発行所　㈲ボーダーインク
沖縄県那覇市与儀226-3
http://www.borderink.com
tel 098-835-2777
fax 098-835-2840
印刷所　でいご印刷

定価はカバーに表示しています。
本書の一部を、または全部を無断で複製・転載・デジタルデータ化することを禁じます。

ISBN978-4-89982-255-4　C0010
©SHIMOMURA Hidemi 2014 printed in OKINAWA Japan